DNA분석과 과학수사

차례
Contents

03 유전자분석에 대하여   29 유전자분석의 현재와 미래   35 사건 현장의 분석   42 유전자분석 대상 증거물   49 다양한 시험 방법들   63 사례1: 서래마을 영아살해유기사건   75 사례2: 대구지하철 방화참사 희생자 신원확인   81 기타 주요 감정사례

유전자분석에 대하여

유전자분석의 이용 분야

요즘 과학수사에서 유전자분석의 중요성이 증대되고 있고 많은 연구들이 현재도 진행되고 있다. 이제는 범죄수사에 있어서 유전자분석을 빼면 이야기가 안 될 정도다. 실제로 지난 10여 년 동안 가히 혁명적이라 할 정도로 많은 발전을 했으며 앞으로의 발전 속도는 지난 10여 년보다 더 빠를 것으로 보인다. 이제 유전자분석은 그 발전과 더불어 응용 분야도 확대되어 다양한 분야에서 응용되고 있다. 보통 범죄수사에서 말하는 유전자분석의 활용은 범죄 현장에서 발견되는 혈액, 혈흔, 모발, 침, 땀 등의 여러 가지 증거물에서 검출된 유전자형과 용의자의 유전자형을 비교하여 범인을 확인하는 과정을 말하는데 이외에도 매우 다양한 분야에서 여러 가지 목적으로 활용되고 있다.

신원불상자 신원확인

우리는 가끔 강이나 바다에서 신원을 알 수 없는 변사체가 발견되었다는 뉴스를 듣게 된다. 또한 산이나 들에서 유골이 발견되었는데 신원을 알 수 없는 경우도 많다. 보통 강과 바다에서 발견되는 오래된 시신의 경우 심하게 부패되어 외관만 보고는 누구인지를 알 수 없게 된다. 옷차림 또는 신분증 등으로 신원이 확인되었다 하여도 실제 그 사람이 아닐 수도 있고, 범죄 등과 관련이 있을 수도 있기 때문에 확실하게 신원을 확인해야 한다. 시신의 외관 및 옷차림만 보고 신원을 확인하여 가족에게 인도하려 하였다가 나중에 다른 사람인 것으로 확인된 경우도 있었으며, 정황 판단만으로 불에 탄 시신을 집을 나간 남편으로 오인하여 장례를 치렀으나 며칠 후 남편이 귀가하여 깜짝 놀란 경우도 있었다. 그리고 다른 사람의 신분증을 넣어 범행을 위장한 경우도 있었다.

삼풍백화점 붕괴사고에서도 이와 비슷한 일이 있었다. 시신의 상태가 좋지 않아 옷에 붙은 이름표만으로 신원을 확인하였으나 나중에 유전자분석을 해보니 전혀 다른 결과가 나왔다. 확인 결과 건물이 붕괴되기 전에 옷을 바꿔 입었었다는 것이 밝혀져 신원을 바로 잡게 되었다.

신원불상자에 대한 신원확인은 사건을 해결하는 데 중요한 역할을 하고 있다. 또한 발견되는 신원불상자에 대한 유전자분석 결과를 데이터베이스화하여 실종자 가족들과 비교하여 잃어버린 가족을 찾아주기도 한다.

헤어진 가족 찾아주기

우리 주위에는 가족 간에 헤어져 애타게 서로를 찾아 헤매는 사람들이 있다. 집안 형편이 어려워 다른 집으로 입양된 사람들이 자라서 형제자매를 찾는 사연, 놀러 갔다가 손을 놓친 이후 몇 십 년 만에 만나 서로 얼굴을 더듬으며 오래 전의 기억을 서로 묻는 장면, 6.25전쟁으로 헤어져 만나지 못하다 TV 프로그램에 의해 가족을 찾은 사연 등을 많이 보아왔다. 하지만 너무 오랫동안 떨어져 기억조차 희미해져서 가족이라 확신하기 힘든 경우에도 유전자분석을 통해 실제 혈족인지의 여부를 확인할 수 있다.

대량재난사고 희생자의 신원확인

우리에게는 다시 떠올리기조차 끔찍한 사건들이 있다. 1995년 삼풍백화점 붕괴사고, 1996년 KAL기 괌 추락사고, 2002년 중국민항기의 부산 김해 인근 야산 추락사고, 2003년 대구지하철 방화참사 등의 큰 사고들이 그것이다. 이들 사고에서는 예외 없이 많은 희생자가 발생했는데 이들의 신원확인을 위해서 유전자분석, 법의학적인 방법, 법치의학적인 방법,

유류품 확인 등 여러 전문 분야가 총동원되어 신원확인 작업을 하였다. 그 중에서 가장 정확한 것이 바로 유전자분석 방법이다. 유전자분석 방법은 다른 방법으로는 신원확인이 불가능한 극도로 훼손된 시료와 소량의 시료에서도 분석이 가능하여 신원을 확인할 수 있다. 신원확인 방법은 현장에서 수습된 시신과 신고된 가족들의 시료에서 유전자분석을 실시한 후 서로 비교하여 가족관계가 성립되는지 여부로 판단한다. 가장 훼손 상태가 심했던 사건이 대구지하철 방화참사였는데, 만약 유전자분석 방법이 없었다면 신원확인에 어려움이 많았을 것이며 희생자 중 많은 사람의 신원이 확인되지 못하고 실종자로 남았을지도 모를 일이다.

실종아동 찾기 사업

수용시설 등에 있는 미아와 치매 노인들의 가족들을 찾아주는 사업이 2005년부터 실시되었다. 「실종아동 등의 보호 및 지원에 관한 법률」(제정 2005.5.31. 법률 7560호) 및 시행령에 따라 국립과학수사연구소가 "유전자검사기관"으로 지정되어(동법시행령 제5조 유전자검사기관법 제11조 제2항에서 "유전자검사를 전문으로 하는 기관으로서 대통령령으로 정하는 기관"이라 함은 국립과학수사연구소를 말한다) 실종아동과 실종자 가족들에 대한 데이터베이스를 구축하여 그동안 많은 가족들이 재회의 감격을 누렸다. 국립과학수사연구소에서는 실종 아동과 가족들의 유전자를 분석하여 약 1만7000여 명의 데이터베이스를 관리하고 있으며 지속적인 대조 작업을 통하여 가족과 연결시켜 주고 있다.

실종아동 등의 찾기 사업은 현재 보건복지부와 경찰청 및 국립과학수사연구소에서 나눠서 실시하고 있다. 보건복지부에서는 실종아동과 가족들에 대한 신상을 관리하고 채취된 시료를 암호화 하여 국립과학수사연구소로 의뢰하는 역할을 하고 있으며, 경찰청에서는 시료를 채취하고 이와 관련한 홍보를 담당하고 있다. 국립과학수사연구소는 보건복지부 실종아동전문기관으로부터 암호화된 시료를 송부 받아 유전자분석을 실시한 후 데이터베이스로 관리하며 이를 의뢰되는 가족의 유전자형과 대조하여 실종아동 등을 확인하여 통보해 주는 역할을 하고 있다.

독립유공자의 후손 확인 사업

우리나라에서는 「독립유공자 예우에 관한 법률」을 제정하여 독립유공자와 그 유족에 대하여 국가적 차원의 지원을 하고 있다. 하지만 당시의 기록이 거의 남아 있지 않아서 가족임을 증명할 수 있는 길이 없어 독립유공자의 후손이면서도 응분의 예우를 받지 못하는 사례가 있었다. 그래서 국가에서는 이들에 대한 유전자분석을 실시하여 독립유공자의 후손 여부를 검증하고 있다.

더불어 국가적 차원에서 국외에 안장된 독립유공자의 유해 송환도 추진되고 있다. 안중근 의사와 같이 아직 이국땅에 묻혀 있는 독립유공자를 확인하여 국내로 송환하려는 것이다.

하지만 유해가 묻혀 있는 곳이 정확하지 않아 추정되는 곳을 발굴하여 유골을 수습한 후 확인절차를 거쳐야 하는데 이를 확인할 수 있는 유일한 방법은 유전자분석을 하는 것이다.

고인골에서의 유전자분석

오래된 사람의 뼈 등에서의 유전자분석은 매우 제한적으로 실시되어 왔다. 뼈에서, 특히나 고인골古人骨에서의 유전자분석은 매우 어렵거나 불가능했기 때문이다. 하지만 최근에는 이러한 시료에도 유용한 분석 방법이 개발됨으로써 고고학에 적용되고 있다. 그 결과 고인골의 유전자분석을 통한 민족의 이동경로 확인이나 인류의 기원에 관한 문제 등에 대해서도 많은 연구가 이루어지고 있다.

동·식물의 식별

유전자분석은 사람뿐만 아니라 동·식물의 식별에도 이용되고 있다. 얼마 전 시가 1억 이상 하는 소나무가 도난된 사건이 있었다. 사건을 해결하기 위하여 현장에 남아있던 소나무 뿌리의 일부와 도난당한 소나무에서 시료를 채취하여 유전자분석을 한 결과 동일한 나무임을 밝혀내기도 하였다. 또한 포획이 금지된 보호 야생동물 및 고래 등을 밀렵꾼이 잡은 경우 포획된 동·식물의 일부만 남아 있어도 유전자분석을 통하여 종식별을 함으로써 어떤 동물을 잡았는지 알 수 있게 된다. 이렇듯 밀렵 또는 범죄와 관련해서 식물 또는 동물이 의뢰된 경우, 유전자분석 등을 통해 종식별을 함으로써 사건을 해결할 수 있다.

유전자분석은 이 밖에도 경주마의 혈통 보전, 애완견의 혈통 증명 등 여러 분야에서 다양하게 응용되고 있으며, 앞으로 응용 분야가 더욱 확대될 것으로 전망된다.

범죄수사에서 유전자분석의 의미

범죄수사에서 범인을 증명하는 것만큼 중요한 것은 없을 것이다. 다양한 사건 현장 특히 강력범죄의 현장에는 항상 인체에서 유래된 혈혼, 혈액, 모발, 정액, 타액 등이 떨어져 있을 수 있으며 반대로 현장의 미세물질들이 범인의 옷 등에 남아 있을 수도 있다. 이와 같이 사건 현장 또는 용의자에게서 채취된 증거물을 가지고 다양한 분석을 함으로써, 현장 증거물에서 분석된 결과와 범인의 것이 같은지, 범인의 옷 등에 묻은 물질들이 현장이나 피해자의 것과 일치하는지 여부 등으로 범인을 확증할 수 있다. 이 중 인체에서 유래된 증거물은 범인을 확증하는 데 결정적인 역할을 할 수 있다. 즉, 사건 당시 범인이 상처를 입었을 경우 흘린 피는 범인을 단정하는 중요한 증거가 될 수 있으며, 성범죄 사건에서의 정액반, 자연 탈락된 범인의 모발 한 점, 범인이 피우다 버린 담배꽁초 등도 범인을 직접적으로 확인할 수 있는 중요한 증거가 된다. 이러한 생물학적 증거물은 모두 DNA를 가지고 있는데 DNA는 매우 안정적인 구조를 하고 있기 때문에 웬만한 물리화학적 충격에도 깨지지 않고 잘 보존된다. 따라서 수백, 수천 년 된 미라 또는 고인골과 같이 훼손이 심한 시료에서도 유전자형이 검출될 수 있는 것이다. 그리고 사람의 DNA는 아버지에게서 한 가닥, 어머니에게서 한 가닥씩을 받아 평생 가지고 가기 때문에 사건이 난 후 수십 년이 지나도 비교가 가능하다.

유전자분석은 개인을 식별할 수 있는 확률이 매우 높아 범인을 특정할 수 있기 때문에 현재 전 세계적으로 과학수사에 많이 이용되고 있다. 유전자분석 방법이 개발되기 전까지는 혈액형(ABO식 혈액형 등), 효소형(PGM 등) 등을 분석하여 개인식별 및 신원확인을 하였다. 1990년대 초반까지 주로 사용된 ABO식 혈액형은 혈흔, 혈액, 모발, 인체분비물 등 대부분의 인체 유래 증거물에서 분석이 가능하지만 A형, B형, AB형, O형으로만 분류되어 개인식별력이 매우 낮았다. 즉, 같은 혈액형을 갖는 사람이 너무 많아 범인을 확정할 수는 없었다. 또한 사람뿐만 아니라 동물 등의 혈액과도 교차반응이 있어 혈액형을 판정하는 데 매우 주의를 요하였다. 이러한 단점을 보완하기 위하여 여러 가지 효소의 다형을 연구하여 개인식별에 사용하였으나 효소형은 샘플의 상태가 오래되거나 오염된 경우에는 분석 자체가 불가능하여 제한적으로 사용되었다.

그러나 유전자분석이 시작되면서 기존 분석 방법이 갖는 개인식별력의 한계 및 분석 시료의 한계를 극복하고 범인을 특정할 수 있는 개인식별력의 확보가 가능해졌다. 또한 적은 양과 부패된 시료 등에서도 분석이 가능하게 됨에 따라 현장에서 발견되는 거의 모든 증거물에서 유전자형을 확보할 수 있게 되었다. 결과적으로 유전자분석 방법은 범인을 검거할 수 있는 확률을 획기적으로 높이는 계기가 되었다. 또한 유전자분석으로 확실한 증거를 확보할 수 있게 됨에 따라 수사 방법도 보다 과학적으로 전환되는 전기가 마련되었다. 따라서 정황과 자백 등에 의한 수사에서 한 걸음 더 나아가 과학적 수사방법이 자리 잡게 되었고 증거 위주의 인권수사로 한걸음 내딛는 기회가 되었다.

유전자분석법은 정확성과 신속성을 갖추고 있어서 범죄수사 시 범인 검거에 더욱 효용성이 높다. 초창기의 유전자분석 방법은 이전의 혈액형 및 효소형 분석에 비해 개인식별력은 비교할 수 없을 정도로 높지만 분석과정이 복잡하고 단계별로 많은 시간이 소요되어 보통 10일 이상 걸렸으며 실험과정이 모두 수동으로 진행됨에 따라 여러 시료를 동시에 분석하는 것은 한계가 있었다. 또한 분석에 필요한 시약의 값이 비싸서 분석을 하는데 많은 경비가 소요되었다. 하지만 현재는 DNA 분리 및 증폭에 필요한 유용한 분석 키트가 개발되었으며 보다 빨리 분리할 수 있는 기술들도 개발되었다. 또한 유전자자동염기서열분석기 등 분석 장비도 엄청난 속도로 발전하여 대량의 시료를 보다 짧은 시간 내에 분석해 낼 수 있게 되었다. 이처럼 분석에 필요한 시간이 단축되고 한꺼번에 대량의 시료를 분석하는 것이 가능해짐에 따라 사건을 보다 신속하게 해결하는 데 많은 기여를 하게 되었다.

유전자분석은 단순하게 범인을 특정하고 확증하는 개인식별 분야뿐만 아니라 과학수사의 매우 다양한 분야에서 이용되고 있으며, 수사 분야 이외에서도 응용되고 있다. 동물 종간의 식별에 의한 보호 동물 및 어종의 수렵 및 남획 증명, 사람 또는 동물 유래의 것인지의 구별, 식물 종류의 구별, 식물의 종내 식별을 통한 절도 수종의 입증, 국제 범죄에서의 인종의 증명 등 범죄와 관련된 다양한 분석이 가능하여 범죄를 입증할 수 있는 범위를 넓히고 있다. 또한 범죄수사의 목적 외에 6.25 전상자 신원확인, 독립유공자 가족 확인, 미아 찾아주기 사업, 신원불상자 신원확인, 고인골의 분석을 통한 고고학적 응용 및 민족의 이동경로 추정, 애완견 및 보호 동물의 혈통 보전 및 증명, 경주마의 혈통 보전 등 관련 응용분야가 매우 넓다.

유전자분석의 역사

'DNA핑거프린팅(DNA fingerprinting)'이라는 용어는 영국의 유전학자인 알렉 제프리즈Alec Jeffreys에 의해 처음으로 사용되었다. 알렉 제프리즈 박사는 동일한 염기서열이 반복되는 부위를 포함한 DNA의 부위를 발견하였으며 사람마다 반복되는 횟수가 다르기 때문에 개인식별에 사용될 수 있음을 확인하였다. 이 부분은 지문과 같이 사람마다 다른 특이성을 나타내므로 'DNA핑거프린팅'이라고 불렸으며 후에는 'DNA타이핑

(DNA typing)' 또는 'DNA프로파일링(DNA profiling)' 등의 용어로 사용되고 있다.

이 기술은 당시 강간살인사건을 해결하는 데에 처음으로 적용되었다. 영국에서 1983년과 1986년에 두 건의 학생 강간살인사건이 발생했는데 경찰은 두 사건의 수법이 비슷한 것으로 보아 같은 범인이 저지른 것으로 판단하였다. 하지만 검거된 용의자는 두 번째 사건에 대해서는 자백을 하였지만 첫 번째 사건에 대해서는 본인의 범행을 부인하였다. 제프리즈 박사는 이 기술을 적용하여 첫 번째 및 두 번째 사건에서 채취한 성범죄 키트를 분석하였다. 하지만 자백한 사람의 유전자형은 두 사건 모두와 일치하지 않았다. 그래서 경찰은 이 두 사건의 범인을 잡기 위하여 용의자 5만8811명의 유전자를 분석하여 비교하였으나 일치하는 사람이 없었다. 하지만 이 사건은 우연히 술집에서 술에 취한 범인 친구의 말을 들은 사람이 경찰에 신고함으로써 결론을 내릴 수 있었다. 범인의 혈액을 채취하는 과정에서 교묘하게 친구의 혈액이 채취되도록 하여 빠져나갔었지만 결국 이 용의자는 다시 검거되었고, 그의 혈액을 채취하여 분석한 결과 두 사건에서 검출된 유전자형과 모두 일치하는 것으로 확인되었다. 이때 사용한 방법이 제한효소길이다형성(Restriction Fragment Length Polymorphism, RFLP) 분석법이었다. 이 방법은 반복되는 부위 주위를 제한효소를 사용하여 자른 다음 잘려진 가닥을 검출하는 방법으로, 유전자 분석 초기에 사용되었으나 사건 현장 등에서 발견된 상태가 좋지 않은 시료에서는 검출이 불가능하다는 한계가 있었다.

1985년 캐리 멀리스Kary Mullis가 실험관에서 유전자를 증폭하는 중합효소연쇄반응(Polymerase Chain Reaction, PCR)을 개발하면서 유전자분석 전반에 획기적인 변화를 가져왔다. 1990년대 초반에는 이 기술을 법과학에 응용하고자 하는 노력이 집중되어 많은 연구 결과가 보고되었다. 1990년대 초에는 HLA-DQ α, D1S80과 같은 다양한 VNTR(Variable Number Tandem Repeats) 부위의 분석이 주를 이루었으나 단연쇄반복(Short Tandem Repeat, STR) 분석법이 보고되면서 또 한 번의 큰 변화를 가져왔다. 초기의 방법으로는 적은 양의 시료나 부패된 시료에서는 거의 분석이 불가능하였으나, STR 분석 방법의 적용으로 분석이 가능하게 되었다. STR 분석 방법은 증폭되는 염기가 짧고 반복되는 단위가 2~4개의 염기로 매우 적어 분석이 용이하고 자동화에 유리한 방법이다. 현재는 대부분의 나라에서 국가 유전자 데이터베이스 및 현장증거물을 분석하는 데 사용하고 있으며, 이를 분석하기 위한 키트가 다양하게 개발·보급되고 있다.

한편 유전자형을 검출하는 기술(전기영동)도 발전을 거듭하였다. 초창기에는 은염색(silverstaining)에 의한 수동적인 분석에 의존하였으나 1990년대 중반 이후에는 형광을 표지하여 검출하는 방법이 개발되었다. 1990년대 후반 및 2000년대 초반에는 유전자자동염기서열분석기(ABI 310, 3100, 3730 등)가 개발되어 분석 속도 및 검출 감도가 예전과는 비교할 수 없을 정도로 향상되었다. 한 번에 수십 개의 시료를 분석할 수 있는 장비가 개발됨으로써 대량의 시료를 짧은 시간 내에 분석하는 것이 가능하게 되었으며 이를 분석할 수 있는 다양한 프로그램도 동시에 개발되었다. 또한 퍼킨엘머Perkin-Elmer사社와 프로메가Promega사에 의해 한 번에 여러 개의 좌위를 증폭할 수 있는 키트가 개발 보급되어 동시에 여러 개의 유전자형을 분석할 수 있게 되었다.

우리나라에서는 1990년 초에 기초적인 실험을 완료하고 실제 감정에 적용하여 1991년 7월 23일 국내 최초로 국립과학수사연구소 생물학과 내에 유전자분석실이 설치되었다. 1992년 의정부경찰서가 의뢰해 온 미성년자 성폭행 사건에서 신문에 묻은 정액반을 가지고 유전자형을 검출하여 성폭행범을 확인하면서 본격적인 감정이 시작되었다. 초창기에는 HLA-DQ α와 D1S80 등을 분석하여 오다가 1990년대 중반 은염색(silverstaining)에 의한 다중 단연쇄반복(multiplex STR) 분석 기법이 도입되어 감정에 사용되었다. 1990년대 후반에는 유전자자동염기서열분석기를 도입하여 분석에 활용하였으며 같은 시기에 보급된 증폭 키트 등을 사용하여 분석 효율을 높여왔다. 그동안 유전자분석으로 삼풍백화점 붕괴사고 희생자 신원확인, 대구지하철 방화참사 희생자 신원확인 등을 비롯하여 수없이 많은 강력 범죄들을 해결하는 데 결정적인 역할을 해 왔으며, 2006년에는 서래마을 영아유기사건을 성공적으로 해결함으로써 우리나라 유전자분석기술 및 과학수사의 우수성을 입증하여 국가의 위상을 높인 바 있다.

유전자분석의 원리

사람의 몸은 일반적으로 수십조 개의 세포로 이루어져 있으며 그 세포 하나하나는 약 60억 개의 유전자 정보를 가지고 있다. 범죄수사에서의 유전자분석은, 사람 몸의 모든 세포는 같은 유전자를 가지고 있고 이들은 부모로부터 한 가닥씩 유전되며 유전된 것은 평생 유지된다는 사실에서 출발한다. 사람의 유전자 중 약 5% 정도만이 생명을 유지하는 데 기능하는 유전자이며, 나머지 유전자가 범죄수사에서 이용되는 부위다. 유전자분석은 보통 핵 내에 있는 핵 DNA와 핵 밖에 있는 미토콘드리아 DNA를 분석하는 것이다. 핵 DNA는 약 60억 개의 유전자정보를 가지고 있어서 과학수사에서의 개인식별을 위한 다양한 분석을 가능하게 한다. 최근 가장 많이 사용되는 방법은 STR 분석 방법이다. 이들의 특징과 분석 방법에 대해 좀 더 상세하게 알아보자.

STR 분석

STR 좌위는 상염색체 상에 존재하며 2-4개의 염기가 반복되는 특성을 갖는다. 이 부위는 다형성을 갖기 때문에 개인식별에 이용될 수 있다. 현장에서 수거된 각종 증거물과 용의자에게서 채취한 시료를 가지고 분석할 때, 한 개의 좌위만 분석하면 같은 유전자형을 가질 확률이 많으나 여러 개의 좌위를 분석하면 개인식별 확률이 점점 높아지고 10개 이상의 좌위를 분석하면 전 세계 인구를 커버할 수 있는 확률이 된다. 즉, 어떤 사건 현장에서 채취한 증거물에서 유전자형이 검출되고 용의자 중 그와 일치하는 사람이 발견되었다고 가정할 때, 만약 한 좌위의 유전자만 분석하면 그 좌위가 나타나는 빈도만큼 집단 내에서 그와 같은 유전자형을 갖는 사람이 여럿 나올 수 있으나 분석 좌위를 늘려 가면 그와 모두 같은 유전자형을 갖는 사람은 단 한 사람이라는 확률에 도달하게 된다. 다시 말해, 그러한 유전자형을 갖는 사람이 몇 억 명 중에 한 명 식으로 계산이 나오게 되어 우연히 일치할 확률이 거의 없게 되는 것이다. 또한 STR 분석은 기존의 제한효소길이다형성(RFLP), VNTR 등을 분석하는 방법으로는 검출이 불가능했던, 적은 양의 시료나 부패하여 훼손된 시료도 분석이 가능하다. STR 분석은 상염색체 상에 존재하는 유전자부위 뿐만 아니라 성염색체(X염색체 또는 Y염색체)에도 존재한다(X-STR 또는 Y-STR). Y-STR의 경우는 아버지에게서 아들에게만 유전되므로, 부자관계를 증명하거나 형제만 있는 경우 친형제 관계 여부를 증명하는 데 사용된다. 또한 성범죄에서 남성의 유전자형만 검출해야 하는 경우 등에 사용할 수 있다.

미토콘드리아 DNA 분석

핵 DNA STR 분석과는 다르게 미토콘드리아 DNA 분석법은 핵 밖에 존재하는 미토콘드리아에 있는 DNA를 분석하는 것이다. 미토콘드리아는 약 1.65kbp 정도로 핵 DNA에 비하면 매우 작은 원형의 DNA이다. 핵은 세포 안에 하나 밖에 없는 반면 미토콘드리아 DNA는 수천 개씩 존재한다. 즉, 하나의 세포에 수천 개의 같은 미토콘드리아 DNA가 존재하고 원형의 작은 유전자로 구성되어 있어 DNA가 손상되지 않고 남아 있을 가능성이 그만큼 높다. 따라서 모근이 없는 모발, 오래된 뼈 등과 같이 핵 DNA 분석이 잘 되지 않는 시료에서도 검출할 수 있는 확률이 다른 분석 방법보다 높다. 또한 정자의 경우 미토콘드리아 DNA는 정자의 목 부분에 존재하는데 수정 시 이 부분을 포함하는 꼬리 부분이 떨어져나가고 머리만 난자 안으로 들어가 남성의 미토콘드리아 DNA는 자손에게 유전되지 않는다. 이러한 특성 때문에 부모가 없이 형제만 있는 경우일지라도 미토콘드리아 DNA를 분석하여 동일한 모계임을 확인하여 친형제 여부를 알아볼 수 있다.

법과학에서 미토콘드리아 DNA의 분석은 보통 사람마다 변이가 심한 부위인 과변이영역(hypervariable region)으로 불리는 HV1 및 HV2 부위로 각각 약 400bp 정도 된다. STR 유전자형의 분석은 일정한 염기가 반복되는 횟수에 따라 구분되어 시료에서 검출된 유전자를 대립유전자 래더(ladder) 그리고 표준 마커(marker) 등과 비교하여 유전자형을 결정하는 반면 미토콘드리아 DNA 분석의 경우 약 400bp 크기의 염기의 서열을 모두 밝히는 실험을 하고 이를 표준 DNA 염기서열(앤더슨 표준 염기서열)과 비교하여 변이가 일어난 부위를 표시한다.

유전자분석 과정

DNA 분리 및 정량

육안관찰 및 예비실험이 끝난 시료는 DNA분석을 위해서 혈흔, 정액반 등을 알맞은 크기로 자르고 첫 단계인 DNA 분리를 시작한다. DNA 분리는 시료의 종류에 따라 다른 방법을 적용한다. 일반적으로 분해효소가 들어 있는 완충용액으로 먼저 조직의 세포를 완전히 분해한 후 분해된 것을 페놀 또는 칼럼을 사용하여 제거하고 세척 과정을 거쳐 DNA만 순수하게 회수한다. 요즘에는 DNA만 깨끗하게 분리할 수 있는 칼럼 등이 개발되어 편리하게 사용할 수 있다. 하지만 뼈, 치아, 모발과 같은 시료는 조직이 매우 단단하여 일반적인 방법으로는 DNA를 분리할 수가 없다. 따라서 뼈가 부드럽게 되어 메스 등으로 얇게 자를 수 있도록 뼈를 구성하고 있는 칼슘을 제거하는 과정을 먼저 거친다. 칼슘이 제거된 뼈를 얇게 자른 후 일반적인 방법과 같은 과정을 거쳐 DNA를 분리한다.

성범죄에서의 증거물은 대개 남성 정액과 여성의 질 내용물이 혼합된 경우가 대부분이다. 이런 경우의 증거물들은 특별한 분리 방법을 사용하여 남성과 여성의 유전자를 분리할 수 있다. 이 분리 방법은 두 과정을 거쳐서 실시하는데, 첫 번째 단계에서는 정자는 분해되지 않고 질편평세포만 분해할 수 있는 완충용액을 사용하여 질편평세포의 DNA(여성 DNA)를 먼저 분리한다. 두 번째 단계에서는 원심침전된 깨지지 않은 정자를 분해할 수 있는 완충용액을 사용하여 정자에서 DNA를 분리한다. 이렇게 분리된 여성과 남성의 분획 DNA에서 유전자분석을 하게 되면 혼합반으로 있던 증거물에서 남성과 여성의 유전자형을 분리하여 얻을 수 있게 되는 것이다. 대개 성범죄 증거물의 경우 혼합반 형태로 검출되어 어느 유전자형이 남성의 유전자형인지를 알 수 없지만 이 방법을 사용하면 남성의 유전자형만 분리하여 검출함으로써 용의자와 비교하는데 매우 효과적이다. 분리된 DNA는 아가로스 젤 및 정량 키트를 사용하여 정량을 한 후 유전자 증폭에 사용한다.

중합효소연쇄반응(PCR)

유전자증폭은 분리한 DNA 중에서 분석하고자 하는 부위만을 증폭할 수 있는 중합효소연쇄반응(PCR)을 실시하여 원하는 유전자 부위를 증폭하게 된다. 이는 생체 내에서 일어나는 DNA 복제와 비슷한 원리이다. 증폭의 첫 단계는 붙어 있는 두 가닥을 분리하는 것인데, 이것은 온도를 95℃ 가까이 올림으로 가능하다. 다음으로 떨어진 각각의 가닥에 특정한 부위를 인식할 수 있는 프라이머(primer)가 붙고 이 프라이머가 시발점이 되어 복제가 시작된다. 프라이머는 한 쌍이 들어가는데 하나는 5'→3' 방향으로, 다른 하나는 3'→5' 방향으로 하여 서로 반대 방향이 되도록 설계를 한다. 이때 온도는 60℃ 정도로 각 프라이머의 특성에 따라 적정한 온도로 맞춘다. 마지막으로 이 프라이머를 시작점으로 하여 복제가 진행되는데 이

때는 보통 72℃ 정도로 맞춘다. 이렇게 하면 한 사이클이 끝나게 되어 원하는 부위가 한 번 복제되는 것이다. 이 과정을 반복하게 되면 처음에는 원하는 부위의 복제수가 하나였다가 2배, 4배, 8배, 16배, 32배 등으로 두 배씩 증가하여 25사이클 이상 반복하게 되면 원하는 부위를 수백만 배 이상 증폭할 수 있게 되는 것이다. 증폭은 GeneAmp PCR systems 9700(Applied Biosystems) 등의 유전자 증폭기를 사용하며 원하는 부위를 분석할 수 있도록 다양한 분석 키트들도 개발되었다. 현재는 여러 쌍의 프라이머를 넣고 한 번에 여러 부위를 증폭하여 분석할 수 있는 키트들이 보편화되었다.

전기영동 및 유전자형 결정

증폭 산물에서 유전자형을 결정하기 위해서는 전기영동을 해야 한다. 전기영동은 증폭된 산물을 크기별로 분리하는 실험으로 증폭 산물을 음전극 쪽에 놓고 반대편을 양전극으로 하여 전류를 흘려주면 음전하를 띠고 있는 DNA분자가 양전극 쪽으로 끌려가게 된다. DNA는 겔을 통해 이동하는데 겔은 미세한 분자적 구멍이 있는 반고체 상태의 물질로 증폭 산물의 크기에 따라 이동 속도가 다르기 때문에 크기별로 분리할 수 있는 것이다. 즉, 크기가 작은 것은 비교적 쉽게 양전극으로 빠져나갈 수 있으나 큰 것은 작은 것에 비해 느린 속도로 빠져나가게 된다. 이렇게 움직이는 속도를 이미 알고 있는 크기의 DNA와 비교하여 실제로 시료에서 증폭된 산물의 크기를 측정할 수 있게 되는 것이다. 이러한 것은 양전극 끝에 있는 레이저를 통하여 검출되게 된다. 검출된 데이터는 분석 프로그램으로 전송되고 프로그램 안에서 표준 대립유전자 래더 및 표준 DNA와 비교하여 유전자형을 결정한다. 미토콘드리아 DNA의 경우는 각각의 염기서열을 모두 결정하며 표준 염기서열과 비교하여 변이된 부분을 표시한다.

초창기에는 유리판 두 개를 붙인 곳에 겔을 굳히고 완충액을 두 개로 나눈 다음 전류를 흘려 전기영동을 하였다. 전기영동 후의 염색과정도 모두 손으로 했으며 유전자형 결정도 눈으로 일일이 하였다. 하지만 현재는 모세관전기영동을 응용한 자동염기서열분석기들이 개발되어 모세관을 통해 이동하는 증폭 산물을 검출하는 시스템으로 바뀌었다. 모세관을 여러 개 설치하여 한 번에 여러 개의 분석을 실시할 수 있게 되었으며 검출한도도 엄청나게 향상되었다.

신원확인

신원확인은 대구지하철사고나 삼풍백화점 붕괴사고와 같은 대량재난의 경우나 시신이 많이 훼손된 경우, 사망한 지 오래된 경우 등과 같이 주검이 누구인지를 알 수 없을 때 여러 가지 분석 방법을 이용하여 그들의 신원을 확인하는 것이다. 신원을 확인하기 위해서 여러 분야의 분석 기술이 활용되고 있는데 그 중에서도 가장 확실하고 정확한 것이 바로 유전자분석에 의한 신원확인이다. 먼저 변사자의 몸에서 채취한 혈액, 조직 및 뼈 등으로 유전자분석을 한 후 가족으로 추정되는 사람의 유전자형과 비교하여 공통적인 유전자를 가지고 있는지를 판단한다. 가족인 경우 자식은 부모로부터 한 가닥씩의 유전자를 받기 때문에 유전자를 공유하게 되며 가족이 아닌 경우는 공유하지 않는다. 물론 우연히 같은 유전자를 가질 확률도 있으나, 여러 개의 유전자형을 비교하게 되면 우연히 일치하는 경우를 배제할 수 있으며 더 많은 유전자형을 비교하면 결국 100%에 가까운 확률을 가질 수 있게 된다. 하지만 미토콘드리아 DNA는 모계유전 되어 어머니로부터만 유전자를 받는다. 즉, 형제자매, 외삼촌 등 같은 모계일 경우 모두 같은 유전자형을 갖게 되는 것이다. Y-STR의 경우는 부계유전 되어 아버지로부터 아들에게로만 유전된다. 따라서 Y-STR 분석은 형제만 있는 경우 등의 신원확인에 이용되고 있다. 이러한 방법으로 모계 및 부계를 증명함으로써 몇 대가 지난 후손들에 대한 가족관계의 확인도 가능하게 되어 독립유공자 후손의 확인 등에 활용될 수 있는 것이다. 하지만 비교가족이 없는 경우는 유전자분석에 의한 신원확인이 불가능하여 생전에 쓰던 물건 - 변사자만 쓰던 빗, 칫솔, 옷 등 - 이나 헌혈한 혈액 등과 직접 비교하여 증명할 수도 있으며, 그것조차 없는 경우 신원불상자 데이터베이스에 입력을 하고 추후 신고 되는 실종자 가족들의 유전자형과 비교하여 가족을 찾게 된다.

유전자은행

유전자은행은 범죄자 등의 유전자 자료를 미리 확보해 이를 국가차원에서 입력 및 관리하는 시스템을 말한다. 이렇게 유전자형을 확보하여 관리하게 되면 재범을 할 경우 현장에서 발견되는 증거물에서 분석한 유전자형과 쉽게 비교할 수 있어 범인을 신속하게 검거할 수 있다. 따라서 본인의 유전자형이 확보되어 있어 다시 범죄를 저지르면 바로 잡히게 된다는 압박감으로 재범을 할 수 없게 되어 범죄를 크게 줄일 수 있으며, 또한 범죄를 저지르면 반드시 잡힌다는 사회적 공감대가 형성되어 범죄를 예방하는 효과도 있다.

최초로 유전자은행을 설치한 나라는 처음 유전자분석을 범죄에 적용한 영국으로, 1994년에 입법화 되고 1995년 4월 설치한 이후 지금은 수백만 건의 데이터가 입력되어 범죄를 예방하는 데 큰 역할을 하고 있다. 미국의 경우 각 주별로 일부 시행되어 오다 1998년 모든 주에서 본격적인 운영에 들어갔다. 이 밖에 전 세계 70여 개 나라에서 유전자은행을 설치하여 운영 중이거나 준비하고 있으며 60여 개 나라에서는 입법을 마친 상태이다.

우리나라는 1990년대 초반부터 유전자은행의 설립을 위해 다각도로 노력을 하였으나 각 부처 간의 이견異見으로 입법화 되지 못하고 중단되었다가 2000년대 초반부터 강력사건 등이 빈발하면서 다시 유전자은행의 필요성이 대두되었다. 이에 따라 2005년부터 본격적인 논의와 공청회 등을 거쳐 일부 인권 단체의 우려에도 불구하고 2006년에 부처 관계자들의 숙의 끝에 「유전자 감식정보의 수집 및 관리에 관한 법률(안)」을 만들었다. 법률(안)에 의하면 수형인(기결수)에 대한 유전자정보는 대검찰청의 장이, 피의자와 현장 증거물에 대한 유전자정보는 경찰청의 장이 색인부의 작성 및 관리를 담당하는 자(국립과학수사연구소)를 지정하여 관리하도록 하였다. 이 법이 통과되어 시행되면 범죄의 신속한 해결과 더불어 범죄를 예방하는 데 많은 기여를 할 것으로 보이며 과학수사에 있어서 획기적인 전기가 될 수 있을 것으로 보인다.

유전자형이 검출되지 않는 경우

유전자형이 검출되지 않는 경우가 있는데 그 이유는 대부분 다음의 경우에 해당된다. 첫째 시료에 묻어 있는 DNA가 DNA 가수분해효소, 자외선, 열 등의 여러 요인에 의해 분해되어 유전자를 검출할 수 없는 경우, 둘째 증거물에 극히 미량의 DNA만 있어 검출되지 않는 경우다. 그러나 현재는 검출할 수 있는 한계가 증가하여 스며든 혈흔, 눈에 보이지도 않는 소량의 혈흔, 손에서 묻어난 세포 등 극소량의 DNA에서도 검출이 가능해져 거의 대부분의 증거물에서 유전자형을 검출하고 있다. 셋째로 증거물 자체에 유전자 증폭을 저해하는 인자가 같이 있어 DNA 분리 단계에서도 없어지지 않고 있다가 증폭

단계에서 증폭을 저해하는 경우로 DNA의 양이 많더라도 이들 저해물질의 영향으로 증폭이 되지 않는 경우가 종종 있다. 마지막으로 증거물에 여러 사람의 것이 혼합되어 정확한 유전자형을 판단할 수 없는 경우도 있다. 보통 강간사건의 경우 혼합반으로 검출될 수 있는데 이때는 여성의 유전자형을 참고하여 남성의 유전자형을 추정할 수 있다. 하지만 밴드가 여러 개로 나타나면 실제로 혼합반인지 또는 가짜 밴드인지를 판단하기 어려운 경우가 있다.

정액 반응 양성이라도 남성의 유전자형이 검출되지 않는 경우
 정액 반응이 양성임에도 불구하고 남성의 유전자형이 검출되지 않는 경우가 있다. 이는 성범죄 사건을 감정할 때 항상 염두에 두어야 하는 사항으로 남성의 유전자형이 검출되지 않았다고 그가 범인이 아니라고 말할 수가 없다는 것이다.
 첫째로 정관수술을 받은 사람과 무정자증인 사람의 경우다. 정액은 액체 성분과 정자 등으로 구성되어 있는데 남성의 유전자형은 액체 상태의 물질에서 검출되는 것이 아니고 정자의 머리 부분에 있는 핵에서 DNA를 분리함으로써 검출할 수 있는 것이다. 따라서 정관수술을 받은 사람과 무정자증인 사람의 정액에는 정자가 존재하지 않으므로 남성의 유전자형이 검출되지 않는다. 이런 경우 정액에서 PGM(phosphoglucomutase)이라는 효소의 효소형을 분석함으로써 구분할 수 있으나 현재는 거의 사용되지 않고 있다. 하지만 남성의 유전자형만 선택하

여 증폭할 수 있는(Y-STR) 키트를 사용하여 극소량의 요도상피세포(남성)의 유전자형을 검출함으로써 남성의 유전자형을 검출할 수 있다.

둘째로 사정 후 긴 시간(약 72시간)이 경과하여 정자의 DNA가 완전히 분해된 경우이다. 이는 보통 여성의 질 내에 존재하는 DNA 가수분해효소가 작용하여 정자의 DNA가 완전히 분해된 경우로 남성의 DNA가 완전히 분해되어 증폭이 되지 않게 된다. 하지만 체외로 배출되어 건조되면 상황이 틀려진다. 이런 경우 더 이상의 분해효소가 작용하지 않고 건조된 상태이기 때문에 부패도 진행되지 않게 되어 세월이 많이 흘러도 분석이 가능하게 된다. 미국의 클린턴 대통령과 르윈스키의 부적절한 관계를 증명하는 데 결정적인 역할을 한 것은 르윈스키가 관계 당시 입었었던 드레스에 묻은 정액반이었는데 그것은 2년 이상 지난 상태였다. 하지만 그곳에 정액이 묻어 있다는 것을 증명하였으며 그 정액반에서 유전자분석을 한 결과 클린턴의 유전자형과 일치한다는 것을 확인하였다. 이것이 어떻게 가능했을까? 바로 정액이 몸 밖으로 나온 후 드레스에 묻었고 바로 건조되어 더 이상의 부패가 진행되지 않아 정액이 그때까지 잘 보존되었기 때문이었다. 이와 같이 환경에 노출되더라도 부패가 진행되지 않거나 자외선 등에 오랫동안 노출되지 않으면 오랜 시간이 흘러도 정확한 분석 결과를 얻을 수 있다.

셋째로 DNA 가수분해효소, 자외선, 열 및 기타 내외부적인 여러 가지 요인에 의해 정자의 DNA가 분해된 경우이다. 이 경우에도 분석하고자 하는 DNA가 분해되거나 증폭을 방해하는 물질이 있는 경우 유전자형을 검출할 수 없다.

유전자 분석의 현재와 미래

　유전자분석은 1990년대 초 국내에 본격적으로 도입되어 그동안 더 많은 샘플을 가지고, 더 빠르고 간편하게, 더 다양한 정보를 얻어 내기 위한 노력을 꾸준히 기울여 왔다. 지금은 초창기에 비하면 비교가 안 될 정도로 엄청난 발전을 하였으며 미래에는 더 빠른 속도로 변화할 것으로 생각된다.

　유전자분석 초기만 해도 일일이 수작업에 의한 실험을 하였으나, 1990년대 중반을 넘어서면서 다양한 분석 기술들이 개발되어 분석에 필요한 시간이 많이 단축되었다. 처음 유전자분석 방법이 도입되었을 당시에는 전 과정이 수작업으로 진행되다 보니 보통 감정 기간이 2~3주 가량 소요되었다. 하지만 현재는 단순한 분석의 경우 이 모든 과정이 단지 하루 안에 마무리 될 수 있게 되었다. 더욱 신속하게 분석을 완료할 수 있는 신기술이 속속 개발되고 있어, 앞으로는 단 몇 시간 안에 모든 분석을 완료할 수 있게 될 것으로 보인다.

또한 현장 증거물과 용의자를 일대일로 비교하여 동일성을 확인하는 단순한 분석을 넘어서 분석 방법도 다양화 되고 있다. 앞으로는 유전자분석을 통해 용의자가 어떤 인종이며 어떤 신체적 특성을 갖는 사람인지 등까지도 확인할 수 있을 것으로 보여 범인의 검거에 필요한 보다 많은 정보를 제공할 수 있을 것으로 기대된다. 이러한 전망은 매우 다양한 방법으로 범인을 확인할 수 있다는 것을 의미하므로 미제의 사건 등을 해결하는 데 중요한 역할을 할 것으로 보인다.

최근에는 DNA 칩을 이용한 단일염기다형(single nucleotide polymorphism, SNP) 분석 등 첨단 과학기술을 이용한 분석 기술이 개발되고 있으며 일부는 실제의 업무에 적용되고 있다. 분석 과정의 일부가 자동화 되면서, 분석과정이 좀 더 단순해지고 대량의 시료를 한꺼번에 처리할 수 있게 되어 많은 시료를 신속하게 분석할 수 있게 되었다. 더불어 소형화가 급격히 진행되어 휴대용 장비 등도 개발되고 있으며 머지않은 장래에 실용화 되어 사건 현장에서도 바로 범인과 관련된 정보를 얻을 수 있게 됨으로써 신속하게 범인을 검거할 수 있게 될 것이다. 실제로 일부 나라에서는 유전자분석의 모든 과정을 하나의 시스템 안에 넣을 수 있는 랩온어칩(lab on a chip) 개념의 신기술이 개발되어 사건 현장에서도 편리하게 실험을 마칠 수 있는 가능성을 열어 놓았다. 또한 실험과정에서 가장 많은 시간이 소요되는 증폭 및 전기영동에 필요한 시간도 한 시간 이내에 처리할 수 있는 기술도 개발되어 실효성 여부를 실험하고 있다. 이처럼 앞으로 법과학 분야에서의 분석 기술이 급속도로 발전하여 우리가 상상으로나 할 수 있었던 일들이 머지 않은 장래에 현실화 될 것이라 예상된다.

현재 우리나라의 유전자분석 기술은 영국, 미국, 프랑스 등의 선진국과 비슷한 수준에 있다. 실제로 괌 KAL기 추락사건 희생자 신원확인을 위해 미국 신원확인 기관과 공조를 했으며, 동남아시아 쓰나미 피해, 서래마을 영아살해유기사건 등의 국제적인 사건에서 절대적인 역할을 함으로써 이를 입증한 바 있다.

하지만 시스템적인 측면과 법과학 분야를 선도할 수 있는 기술의 개발 등에서는 여전히 취약하다. 신뢰성을 확보하기 위해 실험실의 전반적인 개선, 법과학과 관련된 법률 체계의 개선, 전문요원과 실험실 요원의 자질 향상을 위한 꾸준한 교육 등 여러 방면에서 다각적인 노력을 기울이고 있으나 정부의 전폭적인 지원 없이는 과학적 수사의 선진화가 늦어질 수밖에 없다. 시스템의 정비를 통하여 고급의 법과학적 서비스를 국민에게 제공할 때에 비로소 보다 객관적이고 공정한 법집행이 가능할 수 있을 것으로 생각된다. 또한 현재 진행 중인 「유전자감식 정보의 수집 및 관리에 관한 법률」이 조속히 시행되어 우리나라의 과학수사가 크게 발전할 수 있는 전기가 되었으면 한다.

한국의 현황

우리나라의 감정기관

우리나라에서 범죄와 관련하여 전문적으로 과학적 분석을 하는 기관은 국립과학수사연구소와 대검찰청의 과학수사과 정도로, 유전자분석 분야는 두 곳 모두 설치되어 있다. 연구원은 국립과학수사연구소에 35명, 대검찰청에 4명 등 우리나라 전체적으로 39명에 불과하여 프랑스, 미국, 영국 등과 비교하면 수십 분의 일도 안 되는 실정이다. 반면에 감정 건수는 국립과학수사연구소의 경우 매년 30% 이상 증가하고 있으며 2006년에 약 3만4000여 건을 처리하였다.

이들 기관 외에 범죄와 관련된 유전자분석을 하지는 않지만 친자감정 등을 수행하는 대학 연구소 및 사설 감정기관들이 있다.

국립과학수사연구소

국립과학수사연구소는 우리나라 과학수사의 요람으로, 범죄수사의 증거물에서 법의학 및 법과학적 감정과 연구를 하는 국내 유일의 종합 연구소로 그 권위를 인정받아 왔다. 유전자분석은 1991년 7월 23일 국내 최초로 국립과학수사연구소 생물학과 내에 유전자분석실이 설치됨으로써 시작되었다. 그 후 유전자분석과로 개편되어 현재 본소에 7개의 업무 분야(법생물학, 유전자분석-1, 유전자분석-2, 유전자 연구, 유전자 검색, 유전자 검사 및 유전자정보관리)가 있으며, 4개의 분소(남부분소-부산 영도구, 서부분소-전남 장성, 중부분소-대전, 동부분소-원주)에 유전자분석실이 설치되어 있다.

본소 유전자분석과의 담당 업무는 다음과 같다.

1) 법생물학적 업무: 각종 식중독 사고 등의 가검물에서 미생물 감정, 동·식물의 종식별, 음주 혈액의 혈액형 감정

2) 유전자분석-1 업무: 살인 사건과 같은 강력사건과 관련한 감정물의 분석

3) 유전자분석-2 업무: 성범죄 관련 사건 전담

4) 유전자 연구 업무: 불상변사자의 신원확인을 위한 유전자분석 및 데이터베이스 구축 및 관리

5) 유전자 검색 업무: 현장 등에서 검출된 유전자형과 비교하기 위해서 의뢰되는 용의자들의 유전자형을 분석하여 동일성 여부 검색

6) 유전자 검사 업무, 유전자정보관리 업무: 실종아동 등의 보호 및 지원에 관한 법률에서 위임된 실종아동, 보호자 및 친족의 유전자검사, 유전자정보 시스템 구축 및 운영을 담당

이외에도 보훈처의 위탁을 받아 실시하고 있는 독립유공자

후손 확인 사업, 6.25전상자 신원확인, 의문사관련 사건 감정, 헤어진 가족 찾아주기 운동 등 유관기관과의 협력 체계를 구축하여 도움을 주고 있으며 다양한 연구를 통하여 우리나라의 과학수사 발전을 선도하고 있다.

사건 현장의 분석

사건 현장의 생물학적 의미

감정은 사건 현장에서부터 시작된다. 사건 현장은 범행 당시의 상황을 그대로 말해주고 있고 증거가 될 수 있는 것들을 그대로 지니고 있기 때문에 매우 중요하다. 또한 현장 자체를 분석하여 증거 능력이 있는 증거물을 채취하는 것은 사건을 해결하는 데 결정적인 역할을 할 수 있다. 특히 강력 사건에서는 혈흔이 필수적으로 현장에 남게 되는데 혈흔의 형태를 분석함으로써 사건 당시 용의자의 추정, 범행에 사용된 도구의 종류, 살해 위치 및 사용한 손의 방향, 사건과 관련되어 일어난 여러 가지 행위들의 순서, 충격 각도 등 사건 당시의 상황을 추정할 수 있다. 또한 사건 현장에서는 여러 가지 인체 유래의 증거물들이 발견되어 범인임을 확정하는 데 중요한 역할을 한다. 즉 강간사건에서는 정액반, 질 내용물 및 음모 등이 가장 많이 유류되며 이들 증거물은 사건 해결에 결정적 역할을 하는 경우가 많다. 유전자분석 기술의 발달로 혈흔, 혈액, 정액반, 모발 등 보이는 증거물뿐만 아니라 보이지 않는 증거물, 즉 피해자의 손톱 사이에 남은 용의자의 표피세포, 가방 손잡이에 남은 용의자의 세포 등에서도 성공적으로 유전자형을 검출함으로써 범인을 검거한 예 등 현장에서의 숨어있는 감정물이 결정적인 역할을 한 경우가 많다.

현장 감식 시 주의사항

사건 현장은 사건과 관련된 모든 것들이 존재하는 곳인데 그 사건 현장이 제대로 보존되지 않거나 오염되면, 사건 수사에 나쁜 영향을 미쳐 심지어 사건 해결이 나지 않을 수도 있다. 때문에 사건 현장에 대한 감식은 매우 조심스럽게 진행되어야 한다. 사건 현장 임장 시에는 사건 현장의 보존을 위하여 현장 감식 계획을 수립한 후 현장에 들어가야 하며, 전문가에 의한 현장 감식이 시작되기 전까지는 출입 인원을 통제해야 한다. 현장의 오염이나 증거물로부터의 감염을 막기 위하여 현장에 들어갈 때는 반드시 일회용 실험복, 덧신, 장갑, 마스크 등을 착용하여야 한다. 그리고 현장 감식 중에 자신의 모발, 세포, 침 등이 본인도 모르게 현장에 떨어질 수 있기 때문에 사건 현장에서는 흡연이나 침 뱉기, 머리 긁기 등의 불필요한 행동은 하지 말아야 한다. 또한 출입자가 혈흔을 밟아 혈흔의 형상이 망실되는 일이 생기지 않도록 주의해야 하며 사건과 관련이 없는 자국을 남기지 않도록 조심해야 한다. 현장 출입 후 장갑 등 일회용품은 폐기 봉지에 넣어 폐기한다.

이러한 사항들은 반드시 지켜야 하는 것들로 소홀히 하게 되면 사건 현장이 왜곡되어 잘못된 정보를 제공할 수 있다. 현장의 중요한 증거물들이 망실되면 범인을 잡을 수 있는 중요한 정보를 잃는 결과를 가져오거나 수사관 또는 관련자들의 유전자형이 검출되어 오히려 사건 해결을 방해하는 경우가 생길 수도 있다. 한 예로 증거물을 채취하는 사람이 장갑을 끼지 않고 물건을 수집할 경우 채취한 사람의 손에서 세포가 떨어져 나와 증거물에 오염이 됨으로써 채취한 사람의 유전자형이 검출될 수 있다. 또한 사람의 모발은 보통 하루에 수십 개씩 자연적으로 탈락하는데 현장 감식 시 그 모발이 떨어진 경우 이를 용의자의 것으로 보고 채취하여 의뢰하게 되면 결국 채취한 사람의 유전자형이 검출될 수 있다. 범인을 잡기는커녕 본인이 범인이 되는 해프닝을 일으키게 되는 것이다.

오늘날의 유전자분석 방법은 매우 적은 양에서도 검출해 낼 수 있으므로 현장에서의 채취 및 분석 과정에 세심한 주의를 기울여야 한다.

사건 현장의 기록

사건 현장에 대한 기록은 사건 현장에 대한 분석과 더불어 매우 중요하다. 사건의 정황을 설명하고 증명하는 데 있어 결정적인 역할을 하고 그 기록 자체가 증거가 될 수도 있기 때문에 정확한 기록이 필요하다. 현장 기록이 없으면 증거로서의 의미를 상실할 수도 있으므로 증거물과 관련된 모든 사항을 기록해야 한다. 정확한 기록과 근거가 있어야 법정에서 증거로서의 의미를 지닐 수 있게 되는 것이다. 기록이 없고 근거가 없는 증거를 누가 중요한 판정을 하는데 판단 근거로 삼겠는가?

현장과 현장에서 채취된 증거물의 기록은 스케치, 사진 촬영, 비디오 촬영 등을 이용할 수 있는데, 기록할 때에 일반적인 주의사항은 다음과 같다.

1) 최초 임장할 때의 상태가 그대로 나오도록 촬영하고 감식의 진행에 따라 세부적으로 촬영한다.
2) 현장 사진은 재차 촬영할 수 없는 것이 대부분인 만큼 1회의 촬영으로 완전히 목적을 달성할 수 있도록 한다.
3) 증거물의 촬영은 실제 증거물이 있었던 위치를 제3자가 보아도 알 수 있도록 촬영한다.
4) 촬영 시 증거 능력의 보전을 위하여 참고인이 입회하든지 촬영 일자, 장소 등을 기재한 쪽지에 서명을 넣어 같이

촬영한다.

5) 흉기, 창상, 흔적의 촬영 시 크기(길이 및 폭)를 측정하기 위하여 삼각스케일 및 자를 증거 가치를 해치지 않는 위치에 놓고 촬영한다.

6) 부분 촬영 시 전체에서의 위치를 명백히 할 수 있도록 한다.

7) 임장자 및 관찰 기자재 등의 불필요한 것이 촬영되지 않도록 화면을 주의 깊게 살펴 들어 있지 않음을 확인한 뒤 셔터를 누른다.

8) 촬영조건을 기록 동일성의 확보에 힘쓰며, 촬영 일자와 시간, 광원과 렌즈와의 거리, 카메라의 종류, 렌즈의 형, 필름의 종류, 셔터의 속도, 명암, 지면에서 렌즈의 높이, 촬영자, 참여인명, 현상자 등을 기록해 두어야 한다.

혈흔 형태의 기록

사건 현장의 혈흔 형상은 사건을 재구성하고 수사방향을 결정하는 데 중요한 역할을 할 수 있다. 혈흔 형태의 기록은 먼저 전체적인 형상을 기록하고, 스케치와 사진 및 비디오 촬영을 한다. 특이한 부분에 대해서는 혈흔의 형상 등에 관한 세부적인 기록과 함께 촬영을 하고, 필요한 혈흔은 가능한 한 원형을 손상하지 않는 범위 내에서 채취하나 혈흔 양이 적은 경우 등 부득이한 경우에는 촬영 후 채취한다. 채취한 부분은 정해진 표식 도구에 의하여 모두 표식하며 혈흔의 형상을 기록한다.

혈흔 형상의 기록은 혈흔 모양의 특징, 분포, 부피, 형상, 혈흔의 숫자와 현장 상황과의 관계 등 과거 일어난 사건에 대해 사건 당시의 상황을 재구성하여 사건을 해결하거나 수사의 향방을 결정짓는 데 중요한 역할을 한다. 현장 혈흔은 범행 당시의 상황을 잘 설명해 줄 수 있는 것으로서 다음과 같은 의미를 갖는다. 1) 혈흔 방울이 충격 당시에 이동한 방향, 2) 충격의 각도, 3) 혈액이 초기 발생했던 곳에서부터 묻은 곳까지의 거리, 4) 출혈에 관계된 충격의 성질과 그 충격이 가해진 방향, 5) 충격을 가할 때 사용된 특정한 물체의 성질, 6) 사건 도중 가격加擊의 대략적인 횟수, 7) 사건 도중 피의자와 피해자 또는 다른 관련된 물체와의 현장에서의 상대적인 위치, 8) 사건과 관련하여 일어난 다수의 행위들의 순서, 9) 범행 당시 살해도구가 사용된 손의 위치(오른쪽 또는 왼쪽), 10) 범행에 사용된 도구의 종류 등을 현장 혈흔으로 추정해 볼 수 있다.

사건 현장 재구성

사건 현장의 재구성은 범인의 범죄를 증명하고 범인의 진술과의 일치성을 확인하는 데 중요하다. 혈흔 형태의 분석을 비롯한 사건 현장에 대한 다양한 분석의 결과를 종합하여 사건 당시의 상황을 재구성하게 된다. 현장에서 발견되는 각종 증거물을 통하여 범인임을 밝힐 수 있으며 현장에 유류되는 각종 증거물(생물학적 증거물, 물리화학적 분석 증거물 등)에 대하여 범인 또는 범인 소지의 물건과의 동일성 여부를 분석함으로써도 가능하다. 또한 사체의 상태, 상처의 종류, 혈흔의 형태 분석 및 각종 감정물에 대한 과학적 분석 결과를 사건 당시의 상황을 가정하여 해석함으로써 목격자와 용의자의 증언을 검증할 수 있는 수단으로 사용할 수 있다.

사건 재구성 시에는 모든 물적 증거들과 증언들을 고려해야 하며 육하원칙에 따라서 실시하되 주관적인 판단을 배제하여야 한다. 주관성을 배제하기 위하여 분석자는 법과학의 전반적인 범위를 이해하여야 하며 사건 현장에 직접 참여한 경험을 가져야 한다. 혈흔 형태만으로 사건을 재구성할 수는 없으며 다른 증거물들 역시 고려하여 재구성해야 한다. 정확한 재구성을 위해서는 사전에 혈액 등에 대한 기본적인 물리·생물학적 성질 등을 숙지하는 것이 중요하다.

유전자분석 대상 증거물

유전자분석 대상 증거물

사건과 관련된 증거물은 매우 다양하여 우리의 생활에서 접촉할 수 있는 모든 물리·화학·생물학적 물질들이 포함된다. 그 중 생물학적 증거물은 범인을 확정하는 데 가장 중요한 증거를 제공하는 것으로서, 사람뿐만 아니라 생물체 유래의 모든 감정물이 포함된다. 우리가 사건 현장 등에서 많이 접할 수 있는 유전자분석 대상 증거물은 혈액, 혈흔, 모발, 정액, 타액(담배꽁초), 조직 등이 대표적이다. 혈액은 보통 범인 및 변사자에게서 채취하며, 혈흔은 강력사건의 현장에 가장 흔하게 발견되는 것으로 피해자나 범인 또는 범인의 옷, 범행 도구 및 범죄 현장 등 다양한 곳에 존재한다. 모발은 두모頭毛, 음모陰毛, 액모腋毛 그리고 동물의 털 등이 해당된다. 정액은 대부분 성범죄 사건에서 발견되는데 여성의 질 내부를 채취한 것과 질 내용물과 함께 섞여 외부로 흘러나와 팬티, 이불, 휴지 등에 묻어 질 내용물과 정액이 혼합된 형태로 발견된다. 타액의 경우는 거의 대부분이 담배꽁초에 묻은 채로 발견된다. 뼈, 치아 및 조직은 부검 시 채취하거나 백골화白骨化된 채 발견된 시신에서 채취된다. 이외에도 땀과 같은 인체분비물, 소변 심지어는 대변도 분석의 대상이 된다. 또한 우리 주위에 가장 흔하게 존재하는 식물편, 씨앗, 꽃가루 등과 같은 수사식물 관련 증거물들도 있다.

생물학적 증거물의 의미

사건 현장에서 발견되는 생물학적 증거물들은 여러 가지 의미를 갖는다. 우선 사건 현장의 경우 현장 등에 있는 혈흔의 형태를 분석함으로써 사건을 재구성하여 범인 진술과의 일치 여부를 확인할 수 있으며 범인의 도주로, 범행 수법 등을 확인함으로써 수사의 방향을 결정하는 데 중요한 역할을 할 수 있다. 또한 현장에서 채취된 생물학적 증거물들은 사건과 관련된 객관적 분석 결과를 제공하여 범행 사실을 입증할 수 있으며 범인을 확증할 수도 있다. 즉, 현장에서 발견된 범인에게서 떨어진 것으로 추정되는 혈흔, 모발, 체액 및 세포 등에 대한 유전자분석을 통하여 범인의 유전자형을 알아낸 후 용의자들의 유전자형과 비교하게 되면 누가 그곳에 있었는지를 알 수 있게 된다. 이러한 것은 매우 확률이 높아 만약 그 용의자가 사건 현장에 있었으며 범행과 연관성이 있다고 판단되면 그를 범인으로 확증할 수 있는 것이다. 즉, 만약 성범죄 현장에서 휴지를 수거했다면 실험을 거치기 전까지는 전혀 의미를 가질 수 없다. 그러나 그 휴지에 묻은 미색 반흔이 정액이라는 것을 정액검출시험(SM시험법 등)을 통해 밝히고, 정액반이라는 것이 확인되면 그곳에서 유전자분석을 하여 범인의 유전자형을 알 수 있게 되므로 의미를 지니게 된다. 이렇게 검출된 유전자형과 용의자의 유전자형을 비교하여 동일성 여부를 판단함으로써 범인을 확증할 수 있게 되는 것이다. 따라서 강력사건 또는 성범죄 사건 등에서 발견되는 혈흔 및 정액 등에서의 유전자분석 결과는 사건을 해결하는 데 결정적인 역할을 할 수 있게 된다. 생물학적 증거물은 이러한 결과를 얻을 수 있는 동기를 제공함으로써 수사에 있어서 더 없이 중요한 증거물이 될 수 있는 것이다.

증거물의 채취 및 운반

증거물의 채취를 잘못하거나 운송 도중에 변형이 일어나면 그 후 진행되는 분석에서 원하는 결과를 얻을 수 없게 된다. 증거물의 채취 과정에서는 증거물이 망실되지 않게 특별히 조심해야 하며, 사건과 관련이 없는 사람들의 것으로 증거물이 오염되어서는 안 된다. 거꾸로 수사관들도 현장에 유류된 혈액 등에 있는 감염성 세균 또는 바이러스 등에 오염이 되지 않도록 주의를 기울여 채취해야 한다. 한 개의 핀셋으로 여러 개의 혈흔을 채취한 경우 서로 혼합될 수도 있고, 채취자의 침, 모발 등으로 오염되는 경우에는 정확한 결과를 기대할 수 없게 된다. 혈흔을 솜으로 채취하거나, 질 내용물을 물로 세척해내는 등 적절하지 않은 방법으로 채취하거나 채취 과정에서 오류를 범한 경우에는 분석 결과가 아예 나오지 않을 수도 있다.

생물학적 증거물은 체외로 배출되어 환경에 노출되면 바로 세균 등에 의해 부패가 진행된다. 부패가 진행되면 증거물에 증폭을 방해할 수 있는 물질이 생성되어 유전자분석이 불가능하게 된다. 따라서 유전자분석의 대상이 되는 생물학적 증거물은 반드시 말린 상태로 지정된 용기에 넣어 운송해야 한다. 그렇지 않으면 증거물의 이송 도중 훼손 또는 망실되는 경우가 있으며, 또한 증거물의 부패가 진행되어 분석이 불가능하거나 좋은 결과를 얻을 수 없는 경우도 있다. 때문에 사건 현장에서 어떤 증거물을, 어떤 방법으로 채취하여, 어떻게 이송했는가 하는 것은 사건을 해결하는 데에 있어서 매우 중요한 부분이 된다.

증거물 분석 과정

증거물의 분석 과정 중 제일 첫 단계는 증거물 확인과 육안 관찰이다. 사건 현장에서 증거물이 수집되어 분석 기관에 보내지면 의뢰된 각종 증거물이 의뢰서에 기록된 것과 일치하는지 여부를 확인하게 된다. 이들 증거물에 대해서는 본격적인 감정에 들어가기 전 증거물의 상태 등을 증명하기 위하여 사진을 찍는 등의 방법으로 상세하게 기록을 해야 한다. 또한 실험을 위해 채취한 부분과 종류 등도 상세하게 기록한다.

증거물에 대한 확인 및 육안 관찰이 끝나면 각 실험목적에 맞는 예비실험을 실시한다. 예비실험은 혈액형 및 유전자분석을 실시하기 전 증거물에 묻어 있는 것이 혈흔, 정액 등이 맞는지 여부를 실험하는 것이다. 즉, 강간사건 등에서 의뢰되는 여성의 팬티나 휴지 등에 묻어 있는 반흔에 남성의 정액이 포함되어 있는지, 살인사건 등에서 의뢰되는 각종 의류, 범행 도구 등에 묻은 것이 혈흔인지 여부와 어떠한 혈흔 형태를 갖는지 등을 자세하게 검사한다. 현장에서 수거된 모발 등은 육안 및 현미경 관찰을 통해 모발의 특성을 조사한다. 그리고 뇨와 땀과 같은 증거물에서도 마찬가지로 이를 증명하는 실험을 한다.

예비실험 결과 혈흔 또는 정액반 등으로 확인되면 이들에 대한 유전자분석을 실시하게 된다. 유전자분석의 첫 단계는 이들 시료에서 DNA를 분리하는 것이다. DNA 분리는 각 시료에 따라 방법을 다르게 한다(19쪽 참조). 이렇게 분리된 DNA 에서 분석에 필요한 부분을 증폭하여 분석한 후 분석 프로그램에서 유전자형을 결정한 후 각 증거물의 유전자형을 비교하여 감정서를 작성한다.

증거물의 기록

증거물에 대한 기록은 위에서 서술한 증거물의 분석 실험 과정에 대한 기록뿐만 아니라 사건 현장에서부터 철저하게 되어야 한다. 운송과정 및 실험과정 그리고 법정 기록까지 증거물에 대한 모든 기록이 정확하게 있어야만 증거로서 가치를 갖게 되는 것이다. 실험실에서도 마찬가지로 접수되면서부터 실험이 다 끝나고 반환되기까지의 전 과정, 즉 접수, 실험과정, 실험실 환경, 실험결과 및 분석 결과들이 모두 기록되어 있어야 한다. 만약 그 과정이 불분명하거나 기록이 누락된 경우 그 증거물을 증명할 수 있는 방법이 없어져 증거물로서의 가치를 상실하게 되는 것이다. 따라서 철저한 기록과 증거물의 관리는 증거물로서의 생명을 유지할 수 있는 가장 필수적인 요소가 되는 것이다. 앞으로 공판중심주의가 강화되면 보다 객관적인 증거와 증거물의 명확한 분석 결과를 요구하게 될 것이다. 그렇게 되면 증거물에 대한 기록과 분석 과정의 객관성 및 정밀성은 필요를 더하게 될 것이다.

세계적으로 관심을 끌었던 심슨O.J. Simson 사건의 경우, 사건 현장에서 발견된 혈흔과 심슨의 유전자형이 일치하는 등 범행 사실을 입증할 수 있는 증거들이 있었음에도 불구하고 무죄 평결을 받았다. 현장에서 발견된 장갑이 그의 손에 맞지 않는다는 점, 현장의 혈흔과 비교하기 위하여 심슨의 혈액을 채취했는데 최초 채취된 양과 나중에 실험실에 기록된 양이 차이가 난다는 점을 들어 흑인 혐오자인 담당 수사관이 사건을 조작하기 위해 일부러 사건 현장에 심슨의 혈액을 뿌렸을 가능성을 심슨 측 변호사가 제기함으로써 결국 무죄 평결을 받게 된 것이다. 만약 이 사건에서 증거물에 대한 정확한 기록이 있었더라도 같은 결과가 나왔을까 하는 의문이 든다. 실로 증거물에 대한 정확한 기록이 얼마나 중요한 것인지 다시 한 번 일깨우는 사건이었다.

다양한 시험 방법들

혈흔

혈흔의 경과시간

현장에서 채취된 혈흔이 언제의 것인지를 판단하는 것은 사건의 발생일과 관련하여 중요할 때가 있다. 일반적으로 출혈이 일어나면 시간이 지남에 따라 그 혈흔은 암적색−적갈색−갈색−녹갈색−회색−퇴색의 과정을 거치게 되는데, 이러한 색깔의 변화로 대략적인 경과시간을 측정할 수 있지만 이는 매우 주관적일 수 있고 정확하지도 않다. 또 다른 방법으로 혈흔 추출물을 100배 내지 1000배로 희석하여 가시부可視部와 자외부紫外部의 흡수분광상으로 추정하는 흡수분광분석법이 있다. 이 방법을 사용하면 1개월에서 3년까지의 혈흔이 경과된 시간을 판단할 수 있다.

혈흔 검출 시험

혈흔을 검출하는 실험은 매우 다양하다. 현재 법과학 실험실에서 가장 많이 사용되고 있는 방법은 루미놀 및 LMG 시험법이다. 이외에도 벤지딘 실험, 헤모크로모겐 결정체 실험 등이 있으나 현재는 사용되지 않고 있다. 혈흔 검출 시험은 일부 회사에서 키트로 만들어 실험실 및 현장에서 편리하게 사용되고 있다.

_루미놀 시험

루미놀(Luminol: 3-aminophthalic acid hydrazide)의 알칼리 용액과 과산화수소 혼합액을 혈색소 헤민에 작용시키면 촉매작용에 의해 강한 화학적 발광을 일으키게 되는데 이 반응을 이용한 것이 루미놀 시험이다. 루미놀 시험은 사건 현장 등 광범위한 곳에서 혈흔을 찾을 경우나, 범인이 증거를 없애기 위해 옷, 신발 등 피 묻은 증거물들을 세탁하거나 닦은 경우와 같이 육안으로 잘 보이지는 않지만 미세하게 있는 혈흔을 찾고자 할 때 사용한다. 특히 옷이 검은색 또는 청바지 같이 짙은 색 계열인 경우 적은 양의 혈흔이 묻어 있으면 혈흔을 발견할 수 없는 경우가 많다. 이러한 때에 루미놀을 옷 전체에 분사하면 매우 소량의 혈흔도 정확하게 찾아낼 수 있다.

시험에 사용되는 루미놀 시약은 루미놀 1g, 무수탄산나트륨 50g, 30% 과산화수소 150㎖에 증류수 1000㎖을 첨가하여 잘 녹여 만든다. 그리고 이 시약을 분무기에 넣고 주위를 어둡게 한 후 의심이 가는 증거물에 가까이 분무한다. 혈흔이 있는 경우 반응하여 형광을 발하게 되는데, 혈흔 여부를 추가로 확인하기 위하여 채취 후 LMG 시험을 병행 실시하여 재차 확인한다. 이렇게 확인한 시료는 건조시켜 혈액형 및 유전자분석에 사용하게 된다.

루미놀 시험은 약 1만~2만 배의 희석된 혈액에서도 검출할 수 있을 정도로 예민하지만, 구리, 철 등의 금속과도 반응하여 혈흔의 경우와 같이 발광하기 때문에 숙련된 전문가가 실험을 해야 하며, 여러 번 분무하면 유전자분석에 영향을 미칠 수 있으므로 특별한 경우를 제외하고는 사용을 제한하는 것이 좋다. 루미놀 시약을 분사하면 혈흔이 있는 경우 형광을 발하기 때문에 이를 확인하기 위해서는 반드시 어두운 곳에서 실험을 실시해야 한다. 따라서 사건 현장 등과 같이 광범위한 곳을 실험할 때에는 실내의 경우 불빛이 내부로 들어오지 않도록 창문을 모두 가려야 하며, 야외의 경우에는 어두운 밤에 실험을 해야 한다. 그리고 한 번 만든 시약은 냉장 보관해야 하며 일주일 이내에 사용해야 한다. 루미놀 혼합액 제조에 사용되는 시약은 인체에 해롭기 때문에 제조 및 시험할 때에 시약이 묻지 않도록 주의해야 한다. 따라서 루미놀 시약을 취급할 시에는 반드시 비닐장갑 및 마스크 착용해야 한다. 또한 사건 현장까지 운반할 경우 특히 날씨가 더울 때는 폭발 위험이 있으므로 용기 위에 작은 구멍을 뚫어 주고 아이스박스 등을 이용하여 저온에서 운반해야 한다.

_LMG 시험

로이코마라카이트 녹綠(Leucomalachite Green, LMG) 시험은 루미놀 시험으로 확인된 혈흔을 추가로 확인하거나 유사 혈흔 등에 대해 실제로 혈흔이 맞는지를 확인하는 데 사용된다. 예로 붉은 색 페인트나 인주 등이 묻은 경우, 혈흔이 오래되어 변색된 경우 등은 실제로 그 시료가 혈흔인지 여부를 구별하는 것이 어려운데 이러한 경우에 간단하게 혈흔 여부를 판단하는 데 유용하다. 무색의 마라카이트가 과산화수소의 존재 하에 혈색소의 촉매 작용으로 산화되어 혈흔인 경우 청록색을 나타내게 되는데, 예민도는 루미놀 시험보다 낮아 약 400배 정도까지 희석된 혈흔에서 반응하는 반면 특이도는 루미놀 시험보다 높다. 즉, 루미놀의 경우 혈흔이 아닌 것에도 반응하는 경우가 많으나 LMG 시험의 경우 혈흔이 아닌 것에는 거의 반응하지 않는다. 제조방법은 마라카이트 록 1g, 빙초산 100㎖, 증류수 150㎖을 넣고 완전히 녹여 만든다. 혈흔으로 생각되는 시료를 필터페이퍼에 올려놓고 제조한 시약을 시료에 한 방울 떨어뜨리고 이어 3% 과산화수소를 한 방울 떨어뜨려 관찰한다. 혈흔이 있는 경우 시료가 있는 부위를 중심으로 혈흔과 반응하여 청록색을 띠며 필터페이퍼에서 사방으로

퍼져나간다. 루미놀과 마찬가지로 인체에 해롭기 때문에 시약을 조제하거나 시험할 때에 일회용 장갑 및 마스크를 반드시 착용해야 한다.

중요한 것은 LMG 시험 역시 루미놀 시험과 마찬가지로 모든 혈흔에 반응한다는 점이다. 즉, 동물이나 어류의 혈흔 등 모든 종류의 혈흔에 반응하므로 사람의 혈흔인지 여부를 알 수가 없다. 실제로 사건 현장에서 의뢰되는 칼 종류는 생선, 소고기, 돼지고기 등 어류 및 육류를 자르는 데 사용한 경우가 대부분이기 때문에 매우 신중하게 판단해야 한다. 이런 곳에 사용된 칼 등에서는 어류 및 동물의 혈흔이 검출될 수도 있으며, 육류나 생선을 취급하는 일을 하는 사람의 경우 옷 등에 그 혈흔이 묻어 있는 경우가 많아 실험하는 데 주의를 요한다.

교통사고의 경우는 더욱 주의를 요한다. 실제로 필자가 감정한 사건 중에 용의차량이 사람을 쳤는지 알아보기 위해 용의차량에서 혈흔이 검출 되는지 여부가 의뢰된 적이 있었다. 이를 위해 차의 하체 및 앞면 등에 대한 혈흔 검사를 실시했는데 차량 전면의 백미러 및 전조등 등에서 혈흔이 검출되었다. 혹여 용의차량이 사람을 친 게 아닌가 했으나 자세히 관찰한 결과 하루살이에 의한 것임을 알 수 있었다. 밤에 불빛을 보고 달려든 하루살이들이 백미러 및 전조등의 앞부분에 부딪치면서 생긴 혈흔이 남아 검출된 것이었다.

혈흔 중에서도 사람의 것이 아닌 혈흔은 유전자형이 검출되지 않는다. 하지만 실제로 사람의 혈흔이 아니라서 유전자형이 검출이 안 된 것인지 아니면 사람의 혈흔임에도 불구하고 다른 오염원에 의해서 검출이 안 된 것인지를 신중히 알아볼 필요가 있다. 따라서 이런 경우에는 사람의 것인지 아닌지 여부를 판단할 수 있는 인혈증명실험을 실시하게 된다.

인혈증명시험

사람의 혈흔인지 여부를 증명하는 실험으로 침강반응 중층법, 피브린(Fibrin) 평판법, 면역겔확산법 등이 사용되었으나 최근에는 유전자분석에 의한 방법이 개발되어 사용되고 있다. 하지만 유전자형이 검출되지 않는 경우 실제로 사람의 혈흔인지 아닌지를 판단할 수 없기 때문에 인혈증명시험을 통하여 사람의 혈흔 여부를 판단한다.

침강반응 중층법은 모세혈관 내에서 항원-항체 반응을 관찰하는 방법으로 항사람혈청(Anti-human whole serum)을 모세관에 넣어 30분 정도 표면을 안정시킨 다음 적절히 희석한 시료를 중층하여 침강선 여부를 관찰하여 인혈인지를 판정한다.

피브린 평판법은 소량의 시료와 조직 등에서도 가능한 방법으로, 4.5cm 페트리접시(petridish)에 0.2% 피브리노겐(fibrinogen) 용액 3㎖를 가하고 트롬빈(Thrombin) 용액 한 방울을 떨어뜨려 잘 섞은 후 37℃에서 30분간 놓아둔다. 그 후 소량의 시료를 그 위에 올려놓은 다음 0.1% 스트렙토키나제(streptokinase)를 떨어뜨려 37℃에서 반응을 관찰한다. 사람의 혈흔인 경우 반응하여 시료의 주위가 투명하게 녹는다.

면역겔확산법은 항원-항체 반응을 응용한 것으로, 한천 겔 내에 일정한 간격으로 구멍을 내고 가운데에는 항사람혈청(Anti-human whole serum)을 넣고 일정한 거리에 있는 구멍에는 시료의 추출물을 넣고 반응시키면, 인혈인 경우 중간 부분에 항원-항체 반응의 결과로 침강선을 관찰할 수 있다. 사람의 혈흔이 아닌 경우는 전혀 침강선이 생성되지 않거나 대조로 넣은 사람의 혈흔과 생긴 침강선과 +자 모양으로 비스듬하게 교차되어 나타난다.

정액

성범죄와 관련된 사건의 경우 증거물에 정액이 있는지 없는지 여부를 확인하는 것은 매우 중요한 일이다. 정액반인지 여부를 판단한 후에 다음의 실험을 진행할 수 있기 때문이다. 정액 반응이 양성인 경우 대부분 혼합반 또는 남성의 유전자형이 검출되지만, 정액 반응이 양성일지라도 남성의 유전자형이 검출되지 않는 경우도 있다. 정액반에서 유전자형이 검출되는 것은 정액 내에 있는 정자의 머리 부분에서 유전자를 분석해 낼 수 있기 때문인데, 정액에 정자가 없는 경우(무정자증인 사람, 정관수술한 사람 등)에는 남성의 유전자형이 검출되지 않는다(26쪽 참조).

처음에는 팬티, 이불, 옷 등의 증거물에서 정액반으로 의심되는 반흔의 색깔 및 분포를 육안으로 관찰한 후 정액반과 유사한 반흔이 있으면 그 부위를 잘라서 확인하게 된다. 넓은 부위에 대한 검사를 할 경우 분무기로 분사한 후 필터페이퍼로 찍어내어 반응이 있는지 여부를 판단할 수 있다. 또한 자외선 검사를 통하여 이불, 방 등과 같이 넓은 부위에서 정액 유무를 검사할 수도 있는데 시료를 손상시키지 않고 검사를 할 수 있다는 장점이 있다.

정자의 관찰은 염색을 하지 않고 현미경에서 관찰하는 경우도 있지만 대개 여러 가지 염색법을 사용하여 관찰한다. 염색법으로는 정자의 머리 부분이 적색으로 꼬리 부분이 청색으로 염색되는 바에키(Baecchi) 염색법과 정자의 머리 부분이 적색으로 염색되는 콜린스토키(Corin-Stockis) 염색법이 있다. 이 밖에도 콜린의 결정 실험인 후로란스(Florance)법, 스페루민 결정 실험인 베르베이오법 등이 있다.

SM 시험법

SM 시험법은 정액 중에 다량으로 함유된 산성인산화효소를 검출하는 방법으로, 상품화 되어 있어 정액을 증명하는 실험법 중 가장 보편적으로 사용되고 있다. 현재 국내의 실험실에서는 대부분 이 방법을 사용하고 있다. 약 400배까지 희석된 정액에서도 검출이 가능하며 정액반이 건조된 상태에서는 몇 년이 지나도 정액 검출 실험이 가능하다. α-naphthyl phosphoric acid 0.2g, diazonium-o-dianisidin 0.4g을 1/5M citric acid buffer(pH 5.5) 100㎖에 녹여 추정되는 정액반에 떨어뜨리거나 분무하여 정액 반응 여부를 판정하게 되는데, 정액반인 경우 짙은 보라색으로 반응한다.

SM시험법 이외에도 정액에 다량으로 존재하는 Zn을 검출하는 방법, 로이신 아미노펩티다아제(Leucine aminopeptidase), 젖산탈수소효소(Lactate dehydrogenase), 콜린(Choline) 등을 검출하는 방법도 있다. 사람 유래의 정액을 증명해야 할 경우에도 인혈증명시험과 마찬가지로 면역겔확산법을 사용한다. 또한 질액인지 여부를 검사하는 실험도 실시하게 되는데 질액반을 침출하여 표본을 만들고 루골(lugol) 염색을 하면 질액일 경우 질편평세포가 관찰된다.

모발

모발은 구조의 견고성 때문에 단기적으로는 부패가 진행되지 않아 감정물로서 매우 유용하다. 교통사고 및 강력사건의 현장에서 수거되는 모발은 각종 다양한 검사 방법을 통하여 우수한 증거 능력을 갖는 경우가 많다. 최근에는 모근이 없는 모발 등에서도 유전자분석(미토콘드리아 DNA 분석)이 가능해짐에 따라 모발의 증거물로서의 중요성이 더해가고 있다.

모발은 크게 나누어 모간부와 모근부로 나눌 수 있다. 모근부는 두피의 조직이 붙어 있는 부분이며 모간부는 그 외의 부분을 말한다. 모발은 보통 길이, 색깔, 광택, 경도硬度, 형태 등을 육안으로 관찰할 수 있다. 모발 검사는 모발의 표면의 무늬를 검사하는 모소피무늬검사, 모발의 수질 형태를 검사하는 수질검사, 모발의 횡단면 및 종단면 검사, 부착물의 종류를 검사하는 부착물 검사, 손상기구에 의한 절단면의 검사, 염색 유무의 검사, 인조 모발 검사 등 매우 다양한 검사 방법이 있다.

모소피무늬검사는 셀룰로이드판에 섬프(sump)액을 도말塗抹한 후 그 위에 시료를 올려놓고 건조한 다음 현미경 관찰하는 섬프(Sump)법을 이용하여 관찰한다. 모발의 표면 무늬는 여러 가지 모양을 하고 있는데 동물과 사람의 모소피무늬는 매우 다른 모양을 하고 있다. 따라서 현미경 관찰만으로도 사람의 모발인지 아닌지 여부를 판단할 수 있다.

모발의 횡단면 검사는 모발 내부의 수질 형태를 관찰하는 것으로 수질이 없는 무수질, 연속상, 단속상 및 점속상으로 크게 나눌 수 있다. 사람 모발의 수질 형태 또한 동물의 수질과는 매우 다른 형태를 갖고 있어 쉽게 구별된다.

종단면 검사는 모발의 종단면을 잘라 현미경을 관찰하는 방법으로 두모, 액모, 음모 및 동물 털 등을 구별할 수 있다.

부착물 검사는 모발에 붙어 있는 물질들 즉, 화학물질, 특수약품, 혈흔, 폭약, 기름성분 등이 묻어 있는지 여부를 검사하는 것으로 물질의 종류에 따라 그들의 직업 등을 추정할 수 있다. 즉, 기름성분이 많이 검출되거나 특수한 화학물질이 많이 검출되거나 하면 그들이 주로 일하는 곳의 환경을 알 수 있으므로 어떤 직업을 가진 사람인지를 판단할 수 있게 되는 것이다.

손상기구에 의한 절단면의 검사는 범행 당시 어떤 범행도구를 사용했는지를 알 수 있는 검사 방법으로 칼같이 날카로운 도구에 의한 손상, 망치 같은 둔탁한 물건에 의한 손상, 잡아당김에 의한 손상 등을 판단할 수 있다. 또한 사건 현장에서 발견되는 모발 중 모근의 형태를 관찰하여 강제로 탈락된 것인지 자연적으로 탈락된 것인지 여부를 판단할 수 있다. 강제로 탈락한 모발의 경우 모근 부위가 부정형으로 존재하게 된다.

이 밖에 염색을 한 모발인지 여부를 판단할 수 있는 염색유무검사가 있다. 인조모발의 검사는 모소피무늬 또는 수질부를 현미경으로 관찰하거나 태워보면 알 수 있다. 인조모발인 경우 모소피무늬 및 수질부가 관찰되지 않으며 태우면 화학섬유를 태울 때와 같이 그을음이 일고 화학물질을 태운 냄새가 난다.

기타 생물학적 검사 방법

기타 생물학적 검사 방법으로 타액, 소변 및 변 검사 등이 있다. 타액검사는 담배꽁초 등 타액이 묻어 있을 것으로 추정되는 증거물에서 실제로 타액이 검출되는지 여부를 검사하는 방법이다. 타액이 묻은 것으로 추정되는 부분을 용출한 용액에 전분용액을 넣고 반응시키면 타액이 있는 경우 전분이 타액에 있는 아밀라아제에 의해 소화되어 당을 만들게 되므로 생성된 당이 있는지를 보고서 타액 여부를 판단할 수 있다.

또한 사건 현장 등에는 가끔 용의자가 배설한 소변 또는 대변이 있는 경우가 있어 범인을 증명하기 위한 중요한 증거가 되는 수가 있다. 소변의 증명은 요로상피세포나 신장상피세포의 관찰, 요소와 요산의 검출 등으로 증명할 수 있으며 변에서는 소화 잔사물의 관찰, 혈액형 및 유전자분석을 하여 범인을 증명하는 데 사용할 수 있다.

혈액형 검사

ABO식 혈액형은 1901년 랜드스타이너Karl Landsteiner에 의해 처음 발견되었는데, 사건 현장에서 발견되는 혈흔, 혈액, 모발, 타액 및 인체분비물 등의 모든 증거물에서 검사가 가능하다. 유전자분석 방법이 개발되기 전에는 증거물에서 혈액형을 분석하여 용의자와 비교하는 것이 개인식별을 할 수 있는 가장 보편적인 수단이었다. 우리나라에서도 유전자분석 방법이 본격적으로 도입되기 전인 1990년대 초반까지만 해도 혈액형 분석이 주를 이루었다. 하지만 혈액형은 A형, B형, AB형, O형으로 분류할 수밖에 없어 범인을 확정하는 데에는 무리가 있었다.

혈액형의 종류는 많지만 범죄수사에서 이용되고 있는 것은 보통 ABO식 혈액형 검사이다. 이는 이미 국민의 대다수가 자기의 ABO식 혈액형을 알고 있고 또한 슬라이드 응집법을 통하여 쉽게 혈액형을 알 수 있기 때문이다. 보통 우리가 혈액형을 검사하는 것은 혈액과 항혈청을 반응시켜 응집 여부를 판단하는 슬라이드 응집법이다. 하지만 범죄 수사에서는 현장에 혈액으로 존재하는 경우는 매우 드물며 보통은 거의 혈흔으로 존재하게 된다. 따라서 일반적인 슬라이드 응집법에 의한 혈액형 검사와는 다른 방법으로 혈액형 검사를 실시하게 된다. 혈액형 분석에 사용되는 방법은 해리 및 흡착에 의한 것으로 항원-항체 반응의 원리를 응용한 것이다. 최근에는 유전자분석에 의한 혈액형 분석 방법이 보편화 되어 이용되고 있다.

해리 및 흡착에 의한 혈액형 분석

해리에 의한 혈액형 분석은 우선 혈흔이 묻은 시료를 A 또는 B로 표시한 각각의 튜브에 넣고 각각 항혈청 A, 항혈청 B를 반응시킨다. 반응이 끝나면 반응하고 남은 항체의 잔량을 제거하고 혈액형을 알고 있는 혈구와 반응시켜 응집 여부로 혈액형을 판단한다. 만약 A형의 혈흔인 경우에는 항혈청 A를 넣은 튜브의 혈흔에 항체가 붙게 되며, B형인 경우 B에, AB형이 경우 A와 B 모두에, O형인 경우는 어떤 곳에도 붙지 않게 된다. 여기까지는 우리가 눈으로 그 반응을 알 수가 없다. 따라서 혈흔에 붙은 항체를 고온에서 가열하여 떼어낸 후 알고 있는 혈구와 반응시키면 항체가 붙었던 곳에서 떨어져 나온 항체에 의해서 혈구의 응집이 일어난다. 이들 응집 유무에 따라 혈액형을 판단하는 것이다.

흡착실험은 이와 반대의 개념이다. 항원 및 항체를 반응시킨 후 나머지 항혈청에 혈액형을 알고 있는 혈구를 반응시켜 응집 유무로 혈액형을 판단하는데, A형인 경우 A 항혈청과 반응하여 항체가 남아있지 않게 되어 혈구의 응집이 일어나지 않는다. 마찬가지로 B형인 경우는 B에서, AB형이 경우는 A 및 B 모두에서 응집이 일어나지 않으며, O형인 경우는 A와 B 모두에서 응집이 일어난다.

하지만 혈액형의 판정은 여러 가지 요인에 의해 영향을 받을 수 있어 현장증거물과 같이 오염된 시료에서의 혈액형 검사의 결과를 판정할 때는 증거물의 혼입 여부, 혈액형 물질과 같이 반응하는 물질이 섞여 있는지 여부 등 여러 가지 요인을 감안하여 판단해야 한다.

사례 1: 서래마을 영아살해유기사건

사건의 발생

외국인 빌라서 영아 시신 2구 발견

프랑스인 집주인 "휴가 갔다 왔더니 냉동고에 시산" "외부 침입흔적 없어'

2006년 7월 23일 주한 프랑스인들이 많이 거주하고 있는 서울 서초구 서래마을의 한 고급빌라 냉동고에서 2명의 영아 시신이 발견됐다. 이 집의 주인인 프랑스인 J씨의 진술에 의하면 23일 오전 11시께 프랑스로 휴가를 다녀온 뒤 배달된 음식 재

> 료를 보관하려고 냉동고를 문을 열었다가 비닐봉지에 싸여 냉동고 2칸에 나뉘어 들어 있던 영아의 시신을 발견하고 한국인 친구 이모씨를 통해 관할 경찰서인 서울 방배경찰서에 신고했다. 경찰 관계자는 "시신이 냉동되어 있어 정확한 나이와 인종을 확인할 수 없었고 탯줄이 달려 있고 태변이 묻어 있었다"고 설명했다. J씨는 2005년 8월부터 외국계 자동차 부품회사에 근무하면서 부인과 아들 2명과 함께 회사에서 마련해 준 이 대형 빌라에서 살아왔던 것으로 밝혀졌다. 그는 2006년 6월 말 가족과 함께 프랑스로 휴가를 떠났다가 회의 참석을 위해 2006년 7월 18일 혼자 입국했으며 26일 다시 가족과 합류할 계획이었던 것으로 알려졌다. 집 현장에 대한 조사 결과 "외부인의 침입 흔적은 없었다"고 판정되었다. 경찰은 이 집에는 사설업체의 보안 시스템이 설치되어 있어 아무나 드나들 수 없다고 판단하고, 가정부인 중년 필리핀 여성 L씨와 한국에서 만난 프랑스인 친구 P씨가 보안카드와 열쇠를 소지했던 것으로 확인하여 이들에 대한 행방을 추적하는 등 주변인물을 대상으로 수사를 벌이고 있다. 또한 영아 시신 2구에 대해서는 사망원인 등을 확인하기 위해 국립과학수사연구소에 부검을 의뢰했다.

이는 사건 초기의 언론 보도 내용을 요약한 것이다. 이런 경우 영아유기사건으로 의뢰되는 경우가 많기 때문에 처음에는 단순한 영아유기사건으로 인식되었으나, 사건이 점점 꼬여가고 집 안에서 시신을 보관했다는 점 등 상식을 벗어나는 사실들이 밝혀지면서 이 사건은 더욱더 언론의 주목을 받게 되었다.

초기 상황

처음에는 영아가 과연 살해된 것일까 또는 정상 분만하여 보관된 것일까 하는 데 초점이 맞춰졌다. 국립과학수사연구소의 부검 결과 영아의 폐에 공기가 차 있어 출산 후 유기된 것으로 결론 내려졌다. 부검 결과가 나옴에 따라 왜, 누가, 이들 영아를 그곳에 보관했는가, 영아의 부모는 누구인가 하는 것이 초미의 관심사가 되었다. 사진 상에 나타난 영아의 모습은 한 명은 부패가 많이 진행되어 있었고 다른 한 명은 깨끗한 상태였다. 이는 사망 시기가 다를 수도 있다는 것을 반증하는 것이었다. 그리고 상식적으로 냉동고에 계속 있었다면 부패가 진행되었을 리도 없었을 것이다. 결국 영아는 부패가 진행된 것으로 보아 실온에서도 있었으며 바로 출산된 아기는 아니었다는 것을 알 수 있었다. 이즈음에서 언론은 여러 가지의 가능성들을 경쟁적으로 보도하며 궁금증을 더하게 하였다. 누가 영아의 부모가 J씨와 V씨임을 짐작이나 했을까? 정말 상상하기도 어려운 일이었다. 따라서 J씨의 주변인물 및 가정부 등 집을 드나든 사람들에 대해 수사가 집중될 수밖에 없었다.

아버지가 밝혀지다

유전자분석을 위하여 영아 2구에서 채취된 조직 및 뼈를 비롯한 각종 증거물에 대한 신속한 감정이 진행되었다. 두 영아의 시료와 J씨의 집에서 채취한 혈흔 추정물질, 모발과 음모, 관련자의 집에서 채취한 모발 등 많은 증거물과 더불어 J씨의 구강내벽세포도 같이 초기에 감정 의뢰되었다. 하지만 J씨의 부인은 프랑스에 체류 중이라 검체 채취가 불가능하였다. 긴급사건임을 감안하여 감정은 최대한 신속하게 이루어져 감정물을 받은 지 2일 만에 결과를 얻을 수 있었다. 그런데 뜻밖의 감정 결과가 나왔다. 영아의 아버지가 집주인인 J씨로 밝혀졌기 때문이다. 너무 뜻밖의 결과라 몇 번을 다시 검토하고 다른 상황이 있을 수 있는가를 면밀히 검토했으나 결국 같은 결론을 내렸다. 충분한 증거를 확보하기 위해 분석이 가능한 것은 모두 분석하였다. 그 사이 J씨는 프랑스로 출국해버려 더 이상의 수사를 할 수 없는 상황이 되었다. 그리고 J씨는 자신이 두 영아의 아버지가 아니며, 한국에서 집 안에서 수거한 것을 가지고 비교하여 결론을 내린 점과 그리고 그 감정 자체에 대해서도 믿을 수 없다고 주장하였다. 하지만 모든 실험이 철저한 품질관리 하에 이루어졌고 여러 명이 별도의 실험과정을 거쳐 도출해 낸 결과를 다시 확인했기 때문에 분명 그 결과는 확실한 것이었다.

영아의 모는 누구일까?

하지만 실제의 감정은 그 후부터였다. 어머니가 누구인지를 밝혀야 하는데 비교할 수 있는 사람이 없었기 때문이다. 물론 그때만 해도 영아의 모를 가정부 또는 J씨와 관련이 있는 여성일 수도 있을 것이라고 생각했다. 따라서 가정부 등의 시료가 의뢰되어 감정을 하였으나 영아들과 모자 관계가 성립되지 않았다. 따라서 수사는 답보 상태에 빠지게 되었다. 그사이 모의 유전자형을 확보하기 위해 영아의 탯줄(탯줄의 경우 모의 유전자형이 검출되는 경우가 많음)과 영아를 쌌던 수건 등이 의뢰되었다. 하지만 탯줄에서는 영아의 유전자형만 검출되었고 수건은 새까맣게 변색된 혈흔이 묻어 있어 매우 오래된 느낌을 받았다. 이 또한 사건이 오래 경과했다는 것을 반증하는 것이었다. 실험 결과 사람의 혈흔은 맞았으나 너무 부패해서 유전자형을 검출하는 데는 실패하였다. 점점 사건은 전혀 가늠할 수 없는 곳으로 가고 있었다. J씨와 관련이 있는 여성 등에까지 수사의 범위가 확대되었으나 별다른 성과를 얻지는 못하였고 수사가 장기적으로 가면서 결국 영구히 미제로 남는 것 아니냐는 이야기가 나오기 시작했다.

결정적 증거

영아의 모를 어떻게 증명해야 할까? 다른 방법은 없을까? J씨의 주위의 여자들이 한두 명도 아닌데 이를 모두 수사해서 비교한다는 것도 한계가 있었다. 하지만 생각의 전환이 이 사건을 해결할 수 있게 하는 중요한 계기가 되었다. 가족들이 사용하던 물건에서 유전자형을 검출하여 간접적으로 이를 증명하자는 것이었다. 하지만 생활용품들이 반드시 그 사람만 사용했다는 증거가 없으므로 매우 어려운 실험이 될 것이라고는 짐작을 했다. 만약에 여성의 유전자형이 검출된다 해도 그것이 J씨의 부인 V씨의 것이라고 단정할 수 있는 방법이 없었다.

방배경찰서 담당관이 가족들이 사용하던 칫솔 4개, 빗 2개, 귀이개 2개 등의 물품을 의뢰하였다. 두 차례에 걸쳐 실험이 진행되었다. 일차의 실험 결과, 칫솔 1점과 빗 1점에서 J씨의 유전자형이 검출되었으며 다른 칫솔 1점에서는 여성의 유전자형이 검출되었으나 영아 2명과는 모자관계가 성립되지 않았다. 나머지 칫솔 두 점에서는 유전자형이 검출되지 않거나 판단할 수 없었다. 빗 1점과 귀이개 1점에서 여성의 유전자형이 검출되었고 영아들과의 사이에 모자관계가 인정되었다. 그리고 J씨와 빗과 귀이개에서 검출된 여성의 유전자형 및 영아 2명 사이에 친자관계가 성립되었다. 매우 흥분되는 결과를 얻은 것이다. 하지만 그 여성이 누구인가가 문제였다. 집 안에서 쓰던 물건이라고 해서 반드시 V씨의 것이라고 할 수는 없었다. 다른 사람이 만지거나 썼을 수도 있기 때문이었다.

지금 생각해 보면, 만약 거기에서 감정이 끝났고 V씨가 협조하지 않았다면 이 사건은 미궁에 빠질 수도 있었다. 또한 집 안에서 수거한 물건들만으로 유전자형을 비교한 것은 믿을 수 없다는 프랑스 변호사의 주장에도 반박할 수 없었을 것이다. 물론 집 안에 있었고 다른 사람이 사용할 가능성도 없었기 때문에 확실하다고 생각할 수도 있지만 과학은 그렇지 않다. 특히 감정은 아주 가능성이 없는 것이라도 이를 감안하지 않으면 안 된다. 즉, 100%가 아니면 결론을 내릴 수 없는 것이다.

정밀감정

따라서 칫솔과 빗에 대해 좀 더 정밀한 감정이 필요하다고 보고 모두 재실험을 하였다. 최근에 원래의 사용자 외에 다른 사람이 사용했을 수도 있기 때문에 여러 가지 가능성을 염두에 두고 세분하여 칫솔의 손잡이, 칫솔모의 끝, 칫솔모의 밑, 손잡이의 홈 등에서 다양하게 시료를 채취하였다. 빗도 마찬가지로 빗의 끝 부분, 밑 부분, 손잡이 등 다양하게 채취하여 유전자분석을 하였다. 그 결과, 빗에서는 예전과 같은 남성과 여성의 유전자형이 검출되었으나 칫솔 중간 부분의 주름진 골에서 채취한 시료에서는 J씨와는 다른 남성의 유전자형이 발견되었다. 이는 쉽게 얻어진 결과 같지만 사실 아무 것도 없는 상황에서 이러한 결과를 얻어내는 것은 매우 어려운 일이라 다양한 경험과 지식이 있어야지만 가능한 것이었다.

이 남성의 유전자형이 결국은 사건을 푸는 열쇠가 되었다. 이 남성의 유전자형과 영아, 빗과 귀이개에서 검출된 영아의 모로 추정되는 여성의 유전자형, J씨의 유전자형 등에 대한 가족관계 여부를 조사하였다. 분석 결과 이 검출된 남성의 유전자형과 J씨 및 빗과 귀이개에서 검출된 여성의 유전자형 사이에 친자관계가 성립되었으며 유기된 영아 2명과 형제관계도 성립되었다. 즉, 칫솔을 사용한 살아 있는 사람으로 두 사람 사이에 태어난 사람은 현재 생존해 있는 두 자식 중 한 명일 수밖에 없다. 그리고 그 생존한 자식과 두 영아 사이에는 형제 관계가 인정되었고 J씨와 부자관계가 인정되었다. 따라서 유기된 두 영아는 생존한 아들의 부모 즉, J씨와 V씨가 확실하다는 결론을 내릴 수 있었다.

최종 확인

국과수에서는 경찰관서에 영아 두 명의 모가 V씨가 거의 확실함을 잠정 통보하였다. 방배경찰서에서는 최종 확인을 위하여 V씨가 몇 년 전 한 병원에서 조직 검사를 했을 당시 만들어 놓은 표본 슬라이드를 의뢰해 왔다. 조직 슬라이드가 의뢰되어 막상 실험을 시작했지만 여러 가지 화학물질이 처리되어 있어 유전자형을 검출하는 것은 매우 어려웠다. 며칠간 밤을 새워가며 실험을 한 결과 일부의 유전자형을 확인하였고 V씨가 확실함을 재확인 한 후 최종적으로 발표를 하였다. 한 달 여간의 어려운 실험을 종료하는 순간이었다. 하지만 J씨는 계속 출두를 거부하면서 자신들의 아이가 아니라고 주장하였다. 우여곡절 끝에 영아의 시료가 프랑스로 보내졌고 프랑스에서 재차 시험한 결과 결국 우리와 같은 결론을 내렸다.

사건 후기

필자는 이 사건의 담당실장으로서 책임을 지고 감정을 했었다. 신문이나 TV 등의 매체를 통해 이 사건을 전해 들었던 많은 사람들이 아직도 호기심을 가지고 질문을 하며 대단한 일을 해냈다고 말하곤 한다. 사건 자체가 워낙에 엽기적이고 충격적이어서 우리 사회의 이목이 집중되었었고, 프랑스에서도 연일 신문의 일면 톱기사로 장식되며 매우 큰 사건으로 취급되었었다.

이 간단한 사건이 그렇게 확대된 것은 처음의 수사과정을 보면 알 수 있다. J씨의 부인이 임신한 것을 본 적이 없다는 주위 사람들의 진술과 정상적인 부부관계에서 난 아이를 그렇게 할 이유가 없다는 절대적 고정관념이 맞아 떨어져 오히려 과학적 분석 결과가 불신 당한 것이다. 또한 두 부부는 구체적인 근거를 대며 절대로 자기의 자식이 아니라고 극구 부인하면서 한국의 감정 결과를 믿을 수 없다고 하였다. 즉, 감정 결과가 생각보다 너무 빨리 나왔고, 집 안에서 발견된 증거물에서 검출된 유전자형으로 비교하여 영아의 부 또는 모라고 판단한 것은 믿을 수 없다는 것이었다. 이들의 말은 앞서 말한 정황증거와 맞아 떨어져 더욱더 신빙성을 주었고 국립과학수사연구소의 감정 결과에 오류가 있지 않았나 하는 보도가 계속되었다.

그것은 사건을 감정하고 판단 내려야 하는 입장에서 정말 힘든 과정이었다. 감정 결과에 대해서는 확신하였지만, V씨가 임신한 것을 본 적이 없다는 남편과 가정부의 진술이나 여러 정황 등과 상반되므로, 혹시나 하는 마음에 다시 한 번 여러 가능성을 면밀히 검토하였다. 혹시 생활용품에서 검출된 부 또는 모의 유전자형을 추론하는 과정에서 오류를 범하지는 않았는지, 또 다른 알지 못하는 무엇이 있는 것은 아닌지 등을 염두에 두고 피가 마르는 검토 작업이 다시 시작되었다. 밤을 새며 검토에 검토를 거쳐 모든 가능성을 확인한 결과, 절대 다른 가능성은 있을 수 없고 두 영아의 부모는 J씨와 V씨가 확실하다는 결론을 내릴 수 있었다. 하지만 J씨와 V씨는 계속 본인들의 자식이 아님을 주장하면서 음모설까지 꺼내들며 고발하겠다는 등의 으름장을 놓았다. 언론에서도 미심쩍은 부분에 대해 계속 의문을 제기하며 감정의 신뢰성에 대한 부분을 계속 건드렸다.

  그들은 우리의 유전자분석 능력에 대해 잘 모른다. 그러니 그저 아시아의 소국小國 정도로 얕보며 이런 나라에서 무슨 감정을 제대로 했겠느냐 하고 생각했을 것이다. 이러한 그들의 생각은 주한 프랑스 대사가 방배경찰서를 찾아가 유감을 표명한 것이나, 사건 해결 후 한국을 너무 얕보았던 점에 대해 자성해야 한다는 프랑스의 신문 보도를 통해서 알 수 있었다. 심지어 프랑스 수사 기관에서는 V씨가 수술 당시 절취하여 조직검사 했던 파라핀 블록에서 천신만고 끝에 유전자형을 확보하여 – 원래 블록을 만들기 위해 많은 약품을 처리하기 때문에 유전자형의 분석이 매우 어렵다— 재차 확인한 우리의 결과조차도 인정하지 않으려 하였다. 그러나 결국 영아들의 시료를 프랑스로 가져가 그들의 연구기관에서 분석을 시작하고 10여 일이 지난 후에야 우리의 감정 결과가 정확하게 맞음을 확인했다고 발표하였다. 국내 언론에서는 이를 대대적으로 보도하기 시작했고, 과학수사의 승리이며 우리나라의 과학수사 능력을 세계에 과시했다는 등의 기사가 보도되었다.

이 사건이 국내외적으로 큰 이목을 끌 수 있었던 것은 엽기적인 사건이었기 때문만은 아니었다. 이 사건은 주위의 진술과 상식 등 모든 상황이 과학적 결과와 배치되었을 때 우리가 어떻게 판단을 해야 하는가에 대한 질문과 해답을 동시에 제공한 사건이었다. 또한 현장을 보는 또 다른 시각을 갖게 해준 사건이었다. 이는 과학수사에서 가장 중요한 부분이 될 수 있을 것이다. 이번 사건과 같이 아무 것도 없는 사건 현장에서 과학적 결과를 도출하기까지의 과정이 쉽지만은 않았다. 혈흔 등과 같이 눈에 보이는 증거물은 그것을 분석하면 어떤 결과가 나올 것이며 그것을 어떤 것과 비교하면 된다는 답이 쉽게 나오지만 대개의 강력사건 등에서는 범인이 거의 증거를 남기지 않는다. 결국 현장을 어떤 생각을 가지고 어떻게 과학적으로 볼 것인가가 매우 중요해진 것이다. 사건 현장에는 분명히 범인을 증명할 수 있는 증거가 있다는 신념이 아무런 노력도 없이 생겨나는 것은 아니다. 많은 지식과 끊임없는 노력이 그런 확고한 신념을 가지게 하는 것이다. 이 사건은 우리나라의 과학수사에서 큰 의미를 지닐 수 있으며 과학수사 발전의 큰 전환점이 되었다 할 수 있다. 또한 이 사건을 계기로 우리나라의 과학수사 능력이 세계적으로 알려졌고 인정을 받을 수 있게 되었으며, 더 나아가 우리나라의 위상을 높이는 데 큰 역할을 하였다고 자부한다. 자신이 맡고 있는 작은 일 하나하나를 묵묵히 하는 것이 결국 나라를 위하고 국가의 위상을 높이는 계기가 된다는 것을 다시 한 번 느낀다.

국립과학수사연구소 분석팀은 서래마을 영아유기사건을 해결한 공로로 2006년 11월 '제2회 과학수사대상' 대통령 표창을 받았으며, 한 시민단체에서 선정하는 '2006년 한국을 빛낸 100인'에 반기문 유엔사무총장, 비보이 등과 더불어 선정되기도 하였다.

사례 2: 대구지하철 방화참사 희생자 신원확인

사건의 발생

대구지하철 참사는 2003년 2월 18일 오전 10시경 대구 중앙로역 구내에서 일어난 방화로 12량의 지하철 객차가 모두 불타고 수많은 인명 피해를 낸 사건이다.

필자는 국립과학수사연구소 신원확인팀 중 유전자분석 팀장으로 다른 선발 요원들과 함께 비행기를 타고 급히 대구로 향했다. 도착한 시간이 오후 9시 정도였는데 아침에 일어난 사건이었지만 그때까지도 매캐한 연기가 진동하였고 일부 탈진한 구조대원들이 마지막 수색 작업을 하고 있었다. 매캐한 연기를 뚫고 지하로 내려가는 통로는 사고 당시의 참혹상을 그대로 보여주고 있었다. 누구의 것인지도 알 수 없는 흩어진 각종 물건들과 컴컴한 곳을 더듬으며 올라간 하얀 손자국들, 흔적도 없이 타버린 지하철 내부의 집기들, 엿가락처럼 휘어진 금속 골조 등 차마 눈을 뜨고 볼 수 없을 지경이었다. 간간이 켜진 불을 따라 몇 번을 돌아 내려가니 전동차량이 나왔다. 차량 안에는 흰 천으로 덮어 놓은 시신들이 그대로 있었다. 신원확인을 위해 현장 보존해 줄 것을 요구했기 때문이다. 차량 안으로 들어가 보니 생각했던 것보다 훼손이 너무나 심하여 온전한 시신은 한 구도 없을 정도였다. 이튿날 본소로 돌아와 유전자분석 방법과 팀 구성 등에 대한 구체적인 계획을 만들고 시료 채취를 위한 각종 도구들을 준비하여 대구 현장으로 다시 향했다.

신원확인 과정

국립과학수사연구소는 1995년 6월 삼풍백화점 붕괴 사건 등 많은 대량재난사건의 희생자에 대한 신원확인을 신속하고 정확하게 마무리한 경험이 있고, 이를 대비하는 시스템이 이미 갖춰져 있어 일사분란하게 움직일 수 있었다. 유전자분석 분야도 마찬가지였다. 유전자분석 감정은 그동안 많은 사건의 희생자 신원확인에서 핵심적인 역할을 하여 왔으며 분석 기법이 많이 발전하였다. 그리하여 심하게 탄화되어 DNA분석이 거의 불가능하다고 생각되었던 대구지하철 참사의 희생자 시신에서도 완벽하게 DNA분석을 하여 신원확인을 마침으로써 정확도와 신속성을 증명하였다.

유전자분석 신원확인의 진행과정은 접수 및 준비 → 검체 채취 및 유가족 시료 채취 → 유전자분석 → 결과 입력 및 수정 → 신원확인 결과 통보 등의 과정을 거치게 된다. 현장에서는 유전자분석을 위한 시료의 채취와 이들과 비교할 수 있는 가족의 시료 채취 및 설문지 작성 등을 한다. 설문지에는 희생자와의 관계나 희생자에 대한 각종 정보 등 신원확인에 도움이 되는 사항이 포함된다.

대구지하철 방화참사의 경우, 전동차 안이라는 제한된 공간에 시신이 밀집하여 존재하였고, 좁은 공간에서 고온에 장시간 노출되어 있었던 관계로 시신의 탄화 정도가 매우 심한 상태였으며, 탑승자 명단이 있는 비행기 사고의 경우와는 다르게 희생자 명단이 없었기 때문에 시료의 채취는 모든 가능성을 감안하여 다음의 기준을 세워 채취하였다. 먼저, 시신이 혼재되어 있으므로 차량 내를 세밀하게 나누어 각 구역별로 시신을 수습하고, 이렇게 구역별로 수습된 시신에 대하여 유전자분석을 위한 검체를 채취하기로 하였다. 또한 분리된 시신은 큰 시신은 물론이고 아무리 작은 조각의 시신일지라도 모두 단독 시신으로 간주하여 검체를 채취하였다. 그리고 동일한 시신으로 추정되더라도 분리된 시신일 경우 별도로 채취하였다. 고도로 탄화된 뼈에 대해서는 유전자분석이 거의 불가능한 상태였지만 가능한 유전자분석을 시도하기로 하였다.

검체 채취는 시신의 혼재 상태가 심하여 각 구역별로 정밀하게 진행시키느라 많은 시일이 소요되어 사건 발생일로부터 약 10일 정도 지나서야 완료할 수 있었다. 또한 유가족 채혈은 검체 채취와 동시에 이루어졌지만 실종자 신고가 계속되어 검체의 유전자분석이 이루어지고 있는 동안에도 계속 진행되었다. 채취된 검체는 413종이었으며 실제로는 1000건 이상을 채취하였다. 시료는 유전자분석 가능성이 높은 조직을 중심으로 채취하여, 조직이 거의 대부분을 차지하였으며 뼈와 모발도 100여 점에 이르렀다. 또한 희생자 유가족에게서도 235가족, 528명의 혈액이 채혈되었는데, 그 중 실험이 진행되고 있는 상태에서 뒤늦게 생존이 확인된 가족(28%)은 신원확인 대상에서 제외하였다. 이로 인하여 가족과 대조 작업을 하는 것이 매우 복잡해졌고 이는 신원확인 기간이 지연되는 요인 중의 하나가 되었다.

유전자분석은 대상 검체의 상태 및 가족 구성원의 존재 여부에 따라 방법을 달리했다. STR 분석은 중복되는 좌위가 있는 2개의 키트를 동시에 분석하여 일치하는 자료만 입력하였으며, 대상 검체가 뼈나 모근이 없는 모발만 있는 경우 또는 가족 구성원 중 부모가 생존해 있지 않고 형제자매만 생존해 있는 경우와 같이 핵 DNA 분석으로는 신원확인이 불가능한 경우에는 미토콘드리아 DNA를 분석하였다. 부계만 존재하는 경우에는 Y-염색체(Y-STR)를 추가로 분석하여 신원확인의 확률을 높였다.

신원확인 결과

이상의 복잡한 과정을 거쳐 수백 건의 시신 검체 시료를 분석하여 중복되지 않는 유전자형을 분류한 결과 137명의 사망자를 확인하였으며, 검출된 검체의 그 유전자형과 유가족의 유전자형을 비교하여 132명의 신원을 확인할 수 있었다. 사망자로 확인된 사람 중 5명은 최종적으로 신원확인이 불가능하였는데, 이 중 2명은 사건 현장에 있던 것들이 버려졌던 안심기지창에서 채취된 모발로 사망자로 인정하기에는 어려운 경우였다. 나머지 3명은 가족을 찾을 수 없었으나 이는 본격적으로 신원확인 작업이 들어가기 전에 이미 많은 시신이 유족에게 인도되었는데 그 인도된 시신의 부분 사체일 것으로 추정하였다. 이와 관련하여 추가로 20여 명의 실종자 가족의 혈액이 의뢰되어 유전자분석을 실시하였으나 해당 가족이 나타나지 않았다. 유전자분석에 의해 신원확인이 된 사망자 수를 차량별로 살펴보면, A차량과 B차량이 가장 많아 각각 50명과 55명이었으며, C차량에서 11명, D차량 1명, E차량 7명이었다. 안심기지창에서 수습된 부분 시신에서도 1명이 단독 시신으로 확인되었다. 그리고 병원으로 옮겨졌던 시신 7구 등 모두 132명을 신원확인하였다.

사건 후기

  한 치의 오차도 없도록 하기 위하여, 단 한 사람이라도 더 가족에게 인도하기 위하여, 참으로 많은 이들이 사고 현장에서 그리고 실험실에서 혼신의 힘을 다했다. 그리고 전문가조차 거의 불가능하리라 생각했던 상황에서 믿기지 않을 정도의 결과를 만들어냈다.

  일이 마무리 되고 희생자의 시신이 거의 가족의 품으로 돌아갈 무렵 몇 가지를 재확인하기 위해 대구 안심기지창에 다시 들렀을 때 기지창 앞에는 한 계절을 지나 벚꽃이 피어 있었고 노랗게 개나리가 만발하였다. 못다 한 고인들의 영령처럼.

기타 주요 감정사례

삼풍백화점 붕괴사고 희생자 신원확인

1995년 6월 29일 삼풍백화점이 붕괴하는 사고가 발생했다. 연구소 야유회를 다녀와서 저녁 뉴스를 보면서 처음으로 사고 소식을 접했는데 처음에는 그렇게 많은 사망자가 발생했을 줄은 전혀 생각할 수 없었다. 하지만 건물이 붕괴되면서 압사하여 신원확인이 되지 않는 시신이 많았고 건물 잔해 등으로 인해 구조작업이 늦어짐에 따라 시신이 부패하여 누구인지를 알 수가 없게 되자, 연구소로 시신이 이송되고 신원확인이 시작되었다. 연구소의 부검실은 사건 현장에서 발굴된 시신들로 발 디딜 틈조차 없었다. 시신별 분류작업이 끝나고 법의학, 법치의학 등 여러 분야의 전문가들이 신원확인 작업에 동참하였다. 신원확인은 여러 분야의 전문가가 참여해서 전문 분야별 감정결과를 취합하여 최종 판단을 내리게 된다.

유전자분석은 국립과학수사연구소, 대검찰청, 서울대, 고려대 등 여러 기관에서 각 분야별로 나누어 실시하였는데 상태가 좋지 않은 시료들이 많아 유전자형 검출에 실패한 경우가 많았으며, 몇 개의 좌위만을 분석하다보니 확률이 많이 떨어져 신원확인을 하는 데 애를 먹었다. 결국 신원확인이 완전히 종료될 때까지 약 3개월이 소요되었다. 신원확인이 의뢰된 사람은 총 109명이었으나 이 중 79명의 신원이 확인되었고 나머지 30명은 신원확인을 하는 데 실패하였다. 이때만 해도 국가적으로 큰 재난사고에 대한 구조 시스템이 잘 갖춰져 있지 않은 때라 시신의 수습단계에서부터 체계적으로 이루어지지 않아 신원확인을 하는 데에도 혼선을 빚었다. 또한 유전자분석이 실시된 지 얼마 안 된 시점이어서 모두 수작업으로 진행되었으며, 분석 기술도 발전하지 않은 때라 검출률이 지금에 비하면 현저히 떨어졌다. 비단 우리나라만 그런 것이 아니라 세계적으로 기술적 발전이 이루어지지 않은 상태였다.

따라서 유전자형이 검출되지 않거나 다른 분석 결과가 없는 경우 신원확인을 할 수 있는 방법이 없어 우리나라 최초로 '인정사망제도'라는 것이 도입되어 객관적인 사실이 입증되면 사망한 것으로 인정하였다. 하지만 지금 그때를 돌이켜보면 그래도 아쉬움이 많이 남는 것은 어쩔 수 없다.

대구 성서 개구리 소년 실종 사건

이 사건은 1991년 대구에 살던 다섯 명의 초등학생이 개구리를 잡으러 간다고 집을 나선 뒤 실종되었다가 11년 만에 집 부근 야산(와룡산)에서 유골로 발견된 사건이다. 개구리를 잡으러 갔다가 실종되었다고 하여 일명 "개구리 소년"으로 언론에 보도되었다. 실종 당시 입었던 옷과 유류품 등으로 1차 신원을 추정하였으며, 2차로 유전자분석을 통해 정확한 신원을 확인하기 위해 연구소에 유골의 일부가 의뢰되었다. 신원확인을 위하여 우〇원으로 추정되는 유골 일부, 조〇연으로 추정되는 유골 일부, 김〇규로 추정되는 유골 일부, 박〇인으로 추정되는 유골 일부, 김〇식으로 추정되는 유골 등이 의뢰되었다. 그리고 이들과 대조를 위해서 가족들의 시료가 같이 의뢰되었다.

유골은 오랫동안 땅속에 묻혀 있었기 때문에 부패가 많이 진행된 상태로 DNA분석이 매우 어려울 것으로 판단되었다. 수차례의 실험 끝에 성공적으로 미토콘드리아 DNA 염기서열을 밝힐 수 있었으며 가족의 미토콘드리아 DNA 염기서열과 비교한 결과 그때 실종됐던 5명이 모두 맞는 것으로 확인할 수 있었다. 신원확인 결과 3명은 유류품 등으로 추정한 것과 일치하였으나 2명은 서로 뒤바뀐 것으로 최종 결론을 내고 해당 관서로 감정결과를 통보하였다.

백범 김구 선생 혈의 분석

백범 김구 선생이 1949년 6월 서거 당시 입고 있었던 혈의 血衣를 국립문화재연구소로부터 의뢰받아 혈액형 및 유전자분석을 하였다. 평소 다양한 혈흔을 다루고 그것을 분석하는 여러 방법이 확보되어 있으므로 50년 이상 지난 혈흔에서도 분석이 가능할 것으로 생각되어 국립과학수사연구소로 보내졌던 것이다.

의뢰된 것은 검은색의 고체 덩어리로 혈흔 본래의 붉은색은 완전히 잃어 새까맣게 변색된 숯덩이 수준의 상태였다. 시료가 완전히 마르고 변색된 상태였기 때문에 쉽게 용출되지 않을 것으로 판단되어 완충용액에 넣고 3일간을 용출하였다. 이렇게 용출한 것으로 우선 사람의 것인지를 확인할 필요가 있어 겔확산법을 실시하였다. 실험결과 사람의 혈흔임을 증명하였으며 혈흔에서의 혈액형 검사 방법인 해리 및 흡착시험법으로 혈액형이 AB형임을 밝혀냈다. 김구 선생의 혈액형이 AB형인지는 가족도 몰랐다고 한다. 또한 DNA도 성공적으로 분리하여 김구 선생의 유전자형을 확보할 수 있었다. 이러한 결과는 서거 당시 입고 있었던 옷이 마른 상태에서 보관되어 습도 등의 영향을 받지 않아 부패가 진행되지 않았기 때문에 가능했던 것이다.

광주 신창동 초기철기시대 유적지 출토 모발 분석

광주 신창동 초기철기시대의 유적지는 영산강 유역의 충적대지沖積臺地와 낮은 구릉지에 위치하고 있다. 이곳은 초기 철기시대(기원전 2~1세기)의 토기, 가마터, 배수시설, 독무덤 등 고대 농경생활과 관련된 유물들이 다량으로 출토된 곳이다. 각종 유물들 사이에서 옻칠 그릇과 관련 도구 그리고 한 줌의 털이 출토되었다. 사람의 모발은 아직도 옻칠을 하는 데 있어 가장 좋은 붓으로 인정받고 있는데, 이 출토된 모발이 실제로 사람의 모발인지를 알기 위해서 KBS로부터 모발 분석에 대한 협조 요청이 왔다. 대표적인 저습지 유적지라서 모발이 세월에 비해 비교적 잘 보존되어 있었다. 따라서 모발의 형태학적인 검사, 즉 모소피무늬를 관찰하여 사람의 모발이라는 것을 밝혀낼 수 있었으며, 미토콘드리아 DNA를 분석하여 성공적으로 미토콘드리아 DNA 염기서열을 밝힐 수 있었다. 따라서 실제로 옻칠에 사용된 붓의 재료로 사람의 모발이 사용되었음을 증명하여 당시 생활상을 이해하는 데 도움을 줄 수 있었다. 더불어 매우 오래된 모발에서 유전자분석을 성공적으로 해냄으로써 고대 유물의 분석에 적용될 수 있음을 입증하였다.

헤어진 가족 찾아주기

헤어진 가족 찾기 신청인 최○○ 씨는 일곱 살에 경남 고성으로 입양되어 고등학생 때까지 고성에서 살았으며 서울 소재 모 대학을 나와 ○○한의원에서 간호사로 일하였다. 친부모와 형제를 찾고 싶어 부산 경남 일대를 개인적으로 수소문하였으나 찾지 못하고, 2001년 7월경 경찰의 도움을 받고자 경찰청의 "헤어진 가족 찾아주기"에 등록을 하였다. 수소문 끝에 언니 되는 사람이 최근 결혼을 하여 울산에 거주하고 있다는 것을 확인하였으나 신청인이 너무 어려서 헤어졌고 부모도 사망한 상태라 친자매 여부를 알 수 없었다. 그래서 유전자감정을 의뢰하여 분석한 결과 이들이 한 가족임을 증명할 수 있었다.

숨어 있는 혈흔

부산 기장 하○○ 변사 사건에서 피해자는 약 3개월 전에 술집 내부 계단에서 굴러 떨어져 숨진 것으로 가족들이 계속 타살을 주장하여 정밀감정을 하게 되었다. 타살인지 사고사인지를 여부를 확인하기 위하여 단란주점에 대해 혈흔 감정을 실시하였다. 단란주점 주인은 변사자가 술에 취해 화장실을 다녀오다가 계단에서 굴러 떨어져 사망했다고 주장하는 반면 가족들은 홀 내부에서 살해되어 유기되었다고 주장했기 때문이다.

사실을 확인하기 위하여 현장에 대한 혈흔 감정이 의뢰되었으나 이미 시간이 많이 흘러 실험이 불가능할 것으로 보였다. 하지만 진실을 가리기 위해서 실험을 실시하였다. 업소 주인이 주장하는 곳과 가족이 주장하는 홀 내부에 대해 집중적인 실험이 진행되었다. 처음의 실험 결과 어느 곳에서도 혈흔이 검출되지 않았으나 재차의 실험으로 수개월 전에 있었던 사건의 실체가 드러났다. 실험 결과 화장실로 가는 계단 밑의 타일 틈에서 혈흔이 검출되어 업소 주인의 주장대로 변사자는 화장실을 갔다 오다 계단에서 굴러 떨어져 사망한 것으로 확인할 수 있었던 것이다. 이 사건은 시간이 많이 경과되고 홀 내부를 수없이 청소하여 육안으로 혈흔은 전혀 찾을 수 없었으나, 루미놀 시약이 타일 사이로 스며들면서 반응하여 혈흔을 검출할 수 있었던 것이다. 반면 피해자 가족이 주장하는 홀 내부에서는 타일을 모두 뜯어내어 실험을 했지만 전혀 혈흔 반응이 없었다. 이 사건은 사건 발생일로부터 이미 많은 시간이 흘렀고 현장도 많이 훼손되어 있어 포기할 수도 있는 것이었다. 하지만 적극적인 문제해결 의지가 본 사건을 후련하게 해결하는 실마리가 되었다.

어머니임을 부정하다

호적상 모자관계로 등재되어 있으나 아들이 자기의 어머니가 아니라며 진정한 사건이 있었다. 아들이 이를 규명하기 위하여 친생자 감정을 요구하여 아들과 어머니의 혈액이 의뢰되었다. 그러나 핵 DNA STR 유전자형 분석 및 미토콘드리아 DNA 분석 결과 모자관계가 인정되는 것으로 밝혀졌다. 힘들게 낳아 어렵사리 길러준 자기 어머니를 부인하니 참으로 개탄할 노릇이었다.

털면 다 나와요

1990년대 중반 ○○법원에서 의뢰되었던 간통피의사건으로 간통 사실을 확인하기 위하여 피고소인이 입었다고 주장하는 수건, 잠옷 등을 증거로 제시하였다. 사건 담당자가 사전에 전화로 가능성을 문의하였으나 당시의 기술 수준으로는 아무 것도 없는 수건 및 잠옷 등에서 유전자형을 검출하는 것이 불가능할 것 같아 어렵다고 대답하였다. 하지만 해결할 수 있는 방법이 이것 외에는 아무 것도 없으니 꼭 실험을 해 달라 하여 의뢰를 받은 것이다.

실제로 증거물을 보는 순간 난감하였다. 증거물이 깨끗하여 생각한 대로 아무 것도 없을 것 같았다. 고민 끝에 잠옷과 수건을 털어 떨어진 세포 등을 가지고 실험하기로 하였다. 오염이 우려되어 깨끗한 곳에 세포 등이 잘 보일 수 있게 검은색 전지를 깔고 검사자의 머리와 손 등을 철저히 감싼 다음 감정물을 훑어내려 그곳에 붙어 있는 것들을 채취하였다. 시쳇말로 털면 다 나온다더니 정말 털어 보니 세포와 아주 작은 모발 등이 떨어져 나왔다. 아직 유전자분석의 검출 한도가 낮았던 때라 분석을 하긴 하였지만 실험이 잘 될 것이라고 기대는 하지 않았다. 하지만 의외로 잠옷과 수건에서 털어낸 세포에서 유전자형이 검출되어 피고소인의 유전자형과 비교한 결과 상이하다는 결과를 얻을 수 있었다.

친생자 감정 - 딸이 닮지 않았어요

평소 아내의 행동이 이상하고 딸이 자기와 닮지 않았음을 의심한 고소인 A는 고소인의 처 B가 이웃집 남자인 C와 정을 통한 것으로 보고 B와 C를 간통혐의로 고소한 사건이 있었다. 그런데 모 대학 병원과 전문 감정기관 두 곳에 친자 확인을 의뢰했더니 서로 상반되는 결과가 나와 국립과학수사연구소에 재의뢰되었다. ○○대학 병원에서는 HLA 검사를 통한 친자 감정을 하였으며 다른 감정기관에서는 VNTR 및 STR 감정을 하여 친자를 판단했다. ○○대학 병원에서는 친자관계가 부정됨을 통보하였고 모 감정기관에서는 친자임을 통보하였다.

하지만 본 연구소의 감정 결과 고소인과 딸 사이에는 친자관계가 성립되지 않았으며, 이웃에 살고 있는 피고소인 C와 딸 사이에 친자관계가 성립하는 것으로 나타났다. 따라서 딸은 처와 남편인 A 사이에 태어난 것이 아니라 이웃집 남자인 C와의 사이에 출생한 것으로 결론 내렸다. 확인 결과 모 감정기관에서 감정한 결과의 일부에 오류가 있었던 것으로 밝혀졌다.

발바리 사건 - 연쇄 성범죄 사건

한때 '발바리 사건'이라고 하여 우리 사회를 떠들썩하게 한 사건이 있다. 한 명이 여러 곳을 돌아다니며 수차례의 성범죄를 저질렀다고 해서 붙여진 것이다. 사실 이러한 사건들은 범죄가 너무 광범위하게 이루어져 동일범의 소행인지 모르고 있다가 현장 증거물에서 검출된 유전자형의 데이터베이스가 구축되어 동일범을 검색함으로써 동일범임이 드러나는 경우가 많다. 즉, 사건 현장에서 발견되는 용의자의 유전자형을 데이터베이스화하고 동일한 유전자형이 검출되면 해당 관서로 통보해 줌으로써 범인을 검거하고 연관 사건을 해결할 수 있는 것이다. 검거된 범인 중 전과자도 상당수 포함되어 있어 만약 그들의 유전자형이 미리 확보되었더라면 첫 번째 사건에서 범인을 검거할 수 있었을 것이고 그 이후의 범죄는 발생하지 않았을 것이다. 재범의 예방과 신속한 범인의 검거를 위해 유전자은행의 설치가 필요하다는 것을 다시 한 번 느끼게 한 사건이었다.

어느 외국 입양아의 소원

얼마 전 외국에 입양된 사람이 국내의 생부모를 찾아 이를 확인하기 위한 유전자검사를 중랑경찰서에서 의뢰해 왔다. 사건 담당자의 말에 의하면 KBS 등 부모를 찾는 방송에도 출연

하였으나 찾지 못하다가 경찰의 '헤어진 가족 찾아주기' 사업의 일환으로 입양아와 계속적으로 소식을 주고받으며 노력한 결과 어렵게 생모를 찾을 수 있었다고 한다. 전에도 부모인 것으로 추정되는 사람을 찾아 유전자분석을 하였으나 아닌 것으로 밝혀져 실망한 적이 있다고 했다. 보내진 시료를 실험한 결과 모녀관계가 성립되는 것으로 나와 해당 관서로 통보하였다. 해당 경찰의 1년 동안의 꾸준한 노력으로 생모를 찾을 수 있었으며, 유전자분석으로 이를 증명함으로써 한 입양아의 부모를 만나고자 하는 꿈을 이룰 수 있게 되었다.

시한부 삶 - 8년 전 살인사건의 자백

1994년 서울 종로구 ○○용역 사무실에서 사장인 한○○가 종업원 등과 함께 소주를 마시던 중 일처리가 미숙하다는 이유로 직원인 안○○ 씨를 주먹으로 얼굴, 목, 가슴 등을 때리고 책상 위에 있던 연필통으로 머리를 1회 내리치는 등 폭행하여 숨지게 한 뒤 사건을 은폐하기 위하여 시체를 충북 진천군 야산에 암매장한 사건이 있었다. 이 사건은 영원히 미제로 남을 수도 있었지만 이 사건과 관련된 4명 중 1명인 박○○ 씨가 대구 모 대학 병원에서 위암 4기 판정을 받고 수술 후 항암치료를 받았으나 얼마 살지 못함을 통보받고 "죽기 전에 피해자의 원혼을 달래주고 싶다"며 8년 전의 범행 일체를 경찰에 자백함으로써 밝혀지게 되었다. 시체를 유기했다고 주장한 야산에서 백골 상태의 사체가 발견되어 신원확인을 위해 연구소에 의뢰되었다. 대조를 위해 어머니의 혈액이 의뢰되어 유전자분석을 한 결과 당시 사망한 사람이 맞는 것으로 밝혀졌다.

창원 주부 살인사건

새벽에 근무를 마치고 귀가한 남편이 아내가 보이지 않아 찾다가 베란다 창고 내에 웅크린 채 숨겨 있는 것을 발견하여 119 신고 후 병원으로 후송하였으나 이미 사망한 상태로 변사자는 부검 결과 질식사한 것으로 나타났다. 이 사건과 관련하여 현장에서 채취된 혈흔과 변사자의 부검 시 채취된 질 내용물, 손톱 등의 증거물이 의뢰되었다. 질 내용물에서는 피해자의 유전자형만 검출되었으며 손톱에서는 용의자들의 섬유성분이 검출되는지 여부가 의뢰되었다.

사건 현장에 대한 혈흔 실험을 한 결과 외부에서 침입한 흔적이 없었다. 또한 방과 거실에는 혈흔이 거의 없었지만 걸레와 베란다의 배수구 주위에서 혈흔이 검출되어 방과 거실의 혈흔을 걸레로 모두 닦은 후 그 걸레를 베란다의 수도에서 빤 것으로 추정되었다. 따라서 내부자의 소행으로 보고 유력한 용의자로 남편을 지목하여 수사를 진행하였다. 남편의 바지 및 의류 등이 의뢰되어 바지에서 소량의 혈흔이 검출되었으나 남편 자신의 유전자형이 검출되는 등 확실한 증거를 확보하는

데 실패함에 따라 수사는 답보 상태에 머물렀다. 한편 피해자 주위의 남성들에 대한 수사도 진행되어 이들의 옷이 의뢰되어 혈흔 검출 여부를 실험했지만 모두 혈흔반응이 음성으로 반응하였다. 약 2주간의 수사와 현장 감식 그리고 분석 결과에서도 사건을 해결할 수 있는 증거를 확보할 수 없어 사건이 미궁으로 빠지는 듯하였다.

하지만 필자가 사건 현장을 감식할 때 남편의 목에 약간의 긁힌 자국이 있었던 것을 기억해내고 손톱에 대해 유전자분석을 시도했다. 섬유흔 검출 여부 검사가 끝난 손톱을 실험실로 가지고 와 혹시 손톱 밑에 남아 있을지도 모를 세포를 채취하기 위해 소량의 거즈로 조심스럽게 닦아내어 바로 유전자분석을 실시하였다. 분석 결과 남성의 유전자형이 검출되었다. 너무 깨끗하게 검출되어 혹시 실험과정에서 시험자의 세포가 오염된 것은 아닌가 하는 생각이 들 정도였다. 이를 관서로 통보하였고 그동안 수사과정에서 용의자로 지목되었던 몇 명의 남자와 남편의 시료가 신속하게 의뢰되었다.

분석 결과 엉뚱하게도 남편이 아닌 다른 남성 용의자 중 한 명과 일치하는 결과를 얻을 수 있었다. 힘들게 끌어왔던 사건이 해결되는 순간이었다. 피해자가 피의자에게 자동차까지 사주면서 애인 관계를 유지하려 하였으나 피의자가 헤어질 것을 요구하자 피해자가 욕을 하며 대들어 홧김에 목을 졸라 살해한 후 시신을 유기하였다고 한다.

개인택시 기사 살인 및 사체유기

1999년 개인택시 운전자인 피해자 이○○가 흉기로 머리를 맞고 빨간색 노끈으로 양손과 발목이 묶여 사망한 채 형산강 부근에서 발견된 사건이다. 이 사건과 관련하여 피해자 차량에서 채취된 혈흔, 모발, 담배꽁초 6점 등이 의뢰되었다. 용의자는 피해자에게서 빼앗은 현금카드로 피해자의 통장에서 돈을 인출하였는데 이 모습이 폐쇄회로에 찍혀 공개수배 되었다. 용의자의 자취방에서 현금인출 시 입고 있던 옷과 동일한 것으로 추정되는 티셔츠, 잠바 등과 신발 2점(용의자 윤○○ 및 장○○의 신발) 및 땀복이 수거되어 의뢰되었다. 이외에도 몇 명의 용의자의 옷과 신발 등이 의뢰되었다.

감정 결과 용의자 윤○○의 옷에서도 혈흔이 검출되었지만 피해자와 다른 유전자형이 검출되었으며 용의자 장○○의 티셔츠, 잠바 및 땀복에서는 혈흔이 발견되지 않았다. 남은 것은 신발뿐이었다. 신발은 잘 세탁되어 육안으로는 전혀 혈흔을 발견할 수 없었다. 정밀한 실험 결과 신발의 등 부분, 오른쪽 뒤꿈치 부분 등 여러 부위에서 혈흔이 소량 검출되어 쉽게 사건이 해결되는가 싶었는데, 시료의 양이 너무 적고 오염되어 있어 유전자형을 검출하는 데 실패하였다. 혹시 숨어 있는 혈흔이 있을까 하여 미량의 혈흔이라도 찾아내기 위해 루미놀 시험을 시도하였는데 생각지도 못한 곳에서 혈흔 반응이 나타났다. 바로 신발끈 끝부분의 필름으로 말아 놓은 부분이었다.

그곳은 혈흔이 스며들어간 경우 세탁을 하여도 세탁이 잘 안되는 부분으로 루미놀 시험 결과 바로 그 부분에서 혈흔 반응이 나타난 것이다. 시료의 양이 매우 적기 때문에 이 부분을 조심스럽게 잘라 그대로 유전자분석에 사용하기로 하고 유전자분석을 실시한 결과 피해자의 유전자형과 일치하는 것으로 확인되었다. 자칫 미궁에 빠질 수 있었던 사건이었지만 매우 작은 증거물 하나가 사건을 해결할 수 있는 결정적 실마리가 되었다.

프랑스엔 〈크세주〉, 일본엔 〈이와나미 문고〉, 한국에는 〈살림지식총서〉가 있습니다.

📖 전자책 | 🔍 큰글자 | 🔊 오디오북

001 미국의 좌파와 우파 | 이주영 📖🔍
002 미국의 정체성 | 김형인 📖🔍
003 마이너리티 역사 | 손영호 📖
004 두 얼굴을 가진 하나님 | 김형인 📖
005 MD | 정욱식 📖🔍
006 반미 | 김진웅 📖
007 영화로 보는 미국 | 김성곤 📖🔍
008 미국 뒤집어보기 | 장석정
009 미국 문화지도 | 장석정
010 미국 메모랜덤 | 최성일
011 위대한 어머니 여신 | 장영란 📖🔍
012 변신이야기 | 김선자
013 인도신화의 계보 | 류경희 📖🔍
014 축제인류학 | 류정아 📖
015 오리엔탈리즘의 역사 | 정진농 📖🔍
016 이슬람 문화 | 이희수 📖🔍
017 살롱문화 | 서정복 📖
018 추리소설의 세계 | 정규웅
019 애니메이션의 장르와 역사 | 이용배 📖
020 문신의 역사 | 조현설
021 색채의 상징, 색채의 심리 | 박영수 📖🔍
022 인체의 신비 | 이성주 📖
023 생물학무기 | 배우철
024 이 땅에서 우리말로 철학하기 | 이기상
025 중세는 정말 암흑기였나 | 이경재 📖🔍
026 미셸 푸코 | 양운덕 📖🔍
027 포스트모더니즘에 대한 성찰 | 신승환 📖🔍
028 조폭의 계보 | 방성수
029 성스러움과 폭력 | 류성민
030 성상 파괴주의와 성상 옹호주의 | 진형준 📖
031 UFO학 | 성시정
032 최면의 세계 | 설기문 📖
033 천문학 탐구자들 | 이면우
034 블랙홀 | 이충환 📖
035 법의학의 세계 | 이윤성 📖🔍
036 양자 컴퓨터 | 이순칠 📖
037 마피아의 계보 | 안혁 📖🔍
038 헬레니즘 | 윤진 📖
039 유대인 | 정성호 📖
040 M. 엘리아데 | 정진홍 📖
041 한국교회의 역사 | 서정민 📖🔍
042 야훼와 바알 | 김남일 📖
043 캐리커처의 역사 | 박창석
044 한국 액션영화 | 오승욱 📖
045 한국 문예영화 이야기 | 김남석 📖
046 포켓몬 마스터 되기 | 김윤아 📖

047 판타지 | 송태현 📖
048 르 몽드 | 최연구 📖
049 그리스 사유의 기원 | 김재홍 📖
050 영혼론 입문 | 이정우
051 알베르 카뮈 | 유기환 📖
052 프란츠 카프카 | 편영수 📖
053 버지니아 울프 | 김희정 📖
054 재즈 | 최규용 📖
055 뉴에이지 음악 | 양한수 📖
056 중국의 고구려사 왜곡 | 최광식 📖🔍
057 중국의 정체성 | 강준영 📖🔍
058 중국의 문화코드 | 강진석 🔍
059 중국사상의 뿌리 | 장현근 📖🔍
060 화교 | 정성호 📖
061 중국인의 금기 | 장범성 🔍
062 무협 | 문현선 📖
063 중국영화 이야기 | 임대근 📖
064 경극 | 송철규 📖
065 중국적 사유의 원형 | 박정근 📖🔍
066 수도원의 역사 | 최형걸 📖
067 현대 신학 이야기 | 박만 📖
068 요가 | 류경희 📖🔍
069 성공학의 역사 | 정해윤 📖
070 진정한 프로는 변화가 즐겁다 | 김학선 📖🔍
071 외국인 직접투자 | 송의달
072 지식의 성장 | 이한구 📖
073 사랑의 철학 | 이정은 📖
074 유교문화와 여성 | 김미영 📖
075 매체 정보란 무엇인가 | 구연상 📖
076 피에르 부르디외와 한국사회 | 홍성민 📖
077 21세기 한국의 문화혁명 | 이정덕 📖
078 사건으로 보는 한국의 정치변동 | 양길현 📖🔍
079 미국을 만든 사상들 | 정경희 📖
080 한반도 시나리오 | 정욱식 📖🔍
081 미국인의 발견 | 우수근 📖
082 미국의 거장들 | 김홍국 📖
083 법으로 보는 미국 | 채동배
084 미국 여성사 | 이창신 📖
085 책과 세계 | 강유원 📖
086 유럽왕실의 탄생 | 김현수 📖🔍
087 박물관의 탄생 | 전진성 📖
088 절대왕정의 탄생 | 임승휘 📖
089 커피 이야기 | 김성윤 📖🔍
090 축구의 문화사 | 이은호
091 세기의 사랑 이야기 | 안재필 📖
092 반연극의 계보와 미학 | 임준서 📖

093 한국의 연출가들 | 김남석
094 동아시아의 공연예술 | 서연호
095 사이코드라마 | 김정일
096 철학으로 보는 문화 | 신응철
097 장 폴 사르트르 | 변광배
098 프랑스 문화와 상상력 | 박기현
099 아브라함의 종교 | 공일주
100 여행 이야기 | 이진홍
101 아테네 | 장영란
102 로마 | 한형곤
103 이스탄불 | 이희수
104 예루살렘 | 최창모
105 상트 페테르부르크 | 방일권
106 하이델베르크 | 곽병휴
107 파리 | 김복래
108 바르샤바 | 최건영
109 부에노스아이레스 | 고부안
110 멕시코 시티 | 정혜주
111 나이로비 | 양철준
112 고대 올림픽의 세계 | 김복희
113 종교와 스포츠 | 이창익
114 그리스 미술 이야기 | 노성두
115 그리스 문명 | 최혜영
116 그리스와 로마 | 김덕수
117 알렉산드로스 | 조현미
118 고대 그리스의 시인들 | 김헌
119 올림픽의 숨은 이야기 | 장원재
120 장르 만화의 세계 | 박인하
121 성공의 길은 내 안에 있다 | 이숙영
122 모든 것을 고객중심으로 바꿔라 | 안상헌
123 중세와 토마스 아퀴나스 | 박주영
124 우주 개발의 숨은 이야기 | 정홍철
125 나노 | 이영희
126 초끈이론 | 박재모 · 현승준
127 안토니 가우디 | 손세관
128 프랭크 로이드 라이트 | 서수경
129 프랭크 게리 | 이일형
130 리차드 마이어 | 이성훈
131 안도 다다오 | 임채진
132 색의 유혹 | 오수연
133 고객을 사로잡는 디자인 혁신 | 신언모
134 양주 이야기 | 김준철
135 주역과 운명 | 심의용
136 학계의 금기를 찾아서 | 강성민
137 미 · 중 · 일 새로운 패권전략 | 우수근
138 세계지도의 역사와 한반도의 발견 | 김상근
139 신용하 교수의 독도 이야기 | 신용하
140 간도는 누구의 땅인가 | 이성환
141 말리노프스키의 문화인류학 | 김용환
142 크리스마스 | 이영제
143 바로크 | 신정아
144 페르시아 문화 | 신규섭
145 패션과 명품 | 이재진
146 프랑켄슈타인 | 장정희

147 뱀파이어 연대기 | 한혜원
148 위대한 힙합 아티스트 | 김정훈
149 살사 | 최명호
150 모던 걸, 여우 목도리를 버려라 | 김주리
151 누가 하이카라 여성을 데리고 사누 | 김미지
152 스위트 홈의 기원 | 백지혜
153 대중적 감수성의 탄생 | 강심호
154 에로 그로 넌센스 | 소래섭
155 소리가 만들어낸 근대의 풍경 | 이승원
156 서울은 어떻게 계획되었는가 | 염복규
157 부엌의 문화사 | 함한희
158 칸트 | 최인숙
159 사람은 왜 인정받고 싶어하나 | 이정은
160 지중해학 | 박상진
161 동북아시아 비핵지대 | 이삼성 외
162 서양 배우의 역사 | 김정수
163 20세기의 위대한 연극인들 | 김미혜
164 영화음악 | 박신영
165 한국독립영화 | 김수남
166 영화와 샤머니즘 | 이종승
167 영화로 보는 불륜의 사회학 | 황혜진
168 J.D. 샐린저와 호밀밭의 파수꾼 | 김성곤
169 허브 이야기 | 조태동 · 송진희
170 프로레슬링 | 성민수
171 프랑크푸르트 | 이기식
172 바그다드 | 이동은
173 아테네인, 스파르타인 | 윤진
174 정치의 원형을 찾아서 | 최자영
175 소르본 대학 | 서정복
176 테마로 보는 서양미술 | 권용준
177 칼 마르크스 | 박영균
178 허버트 마르쿠제 | 손철성
179 안토니오 그람시 | 김현우
180 안토니오 네그리 | 윤수종
181 박이문의 문학과 철학 이야기 | 박이문
182 상상력과 가스통 바슐라르 | 홍명희
183 인간복제의 시대가 온다 | 김홍재
184 수소 혁명의 시대 | 김미선
185 로봇 이야기 | 김문상
186 일본의 정체성 | 김필동
187 일본의 서양문화 수용사 | 정하미
188 번역과 일본의 근대 | 최경옥
189 전쟁국가 일본 | 이성환
190 한국과 일본 | 하우봉
191 일본 누드 문화사 | 최유경
192 주신구라 | 이준섭
193 일본의 신사 | 박규태
194 미야자키 하야오 | 김윤아
195 애니메이션으로 보는 일본 | 박규태
196 디지털 에듀테인먼트 스토리텔링 | 강심호
197 디지털 애니메이션 스토리텔링 | 배주영
198 디지털 게임의 미학 | 전경란
199 디지털 게임 스토리텔링 | 한혜원
200 한국형 디지털 스토리텔링 | 이인화

201	디지털 게임, 상상력의 새로운 영토 | 이정엽	255	비틀스 | 고영탁
202	프로이트와 종교 | 권수영	256	현대시와 불교 | 오세영
203	영화로 보는 태평양전쟁 | 이동훈	257	불교의 선악론 | 안옥선
204	소리의 문화사 | 김토일	258	질병의 사회사 | 신규환
205	극장의 역사 | 임종엽	259	와인의 문화사 | 고형욱
206	뮤지엄건축 | 서상우	260	와인, 어떻게 즐길까 | 김준철
207	한옥 | 박명덕	261	노블레스 오블리주 | 예종석
208	한국만화사 산책 | 손상익	262	미국인의 탄생 | 김진웅
209	만화 속 백수 이야기 | 김성훈	263	기독교의 교파 | 남병두
210	코믹스 만화의 세계 | 박석환	264	플로티노스 | 조규홍
211	북한만화의 이해 | 김성훈·박소현	265	아우구스티누스 | 박경숙
212	북한 애니메이션 | 이대연·김경임	266	안셀무스 | 김영철
213	만화로 보는 미국 | 김기홍	267	중국 종교의 역사 | 박종우
214	미생물의 세계 | 이재열	268	인도의 신화와 종교 | 정광흠
215	빛과 색 | 변종철	269	이라크의 역사 | 공일주
216	인공위성 | 장영근	270	르 코르뷔지에 | 이관석
217	문화콘텐츠란 무엇인가 | 최연구	271	김수영, 혹은 시적 양심 | 이은정
218	고대 근동의 신화와 종교 | 강성열	272	의학사상사 | 여인석
219	신비주의 | 금인숙	273	서양의학의 역사 | 이재담
220	십자군, 성전과 약탈의 역사 | 진원숙	274	몸의 역사 | 강신익
221	종교개혁 이야기 | 이성덕	275	인류를 구한 항균제들 | 예병일
222	자살 | 이진홍	276	전쟁의 판도를 바꾼 전염병 | 예병일
223	성, 그 억압과 진보의 역사 | 윤가현	277	사상의학 바로 알기 | 장동민
224	아파트의 문화사 | 박철수	278	조선의 명의들 | 김호
225	권오길 교수가 들려주는 생물의 섹스 이야기 | 권오길	279	한국인의 관계심리학 | 권수영
226	동물행동학 | 임신재	280	모건의 가족 인류학 | 김용환
227	한국 축구 발전사 | 김성원	281	예수가 상상한 그리스도 | 김호경
228	월드컵의 위대한 전설들 | 서준형	282	사르트르와 보부아르의 계약결혼 | 변광배
229	월드컵의 강국들 | 심재희	283	초기 기독교 이야기 | 진원숙
230	스포츠마케팅의 세계 | 박찬혁	284	동유럽의 민족 분쟁 | 김철민
231	일본의 이중권력, 쇼군과 천황 | 다카시로 고이치	285	비잔틴제국 | 진원숙
232	일본의 사소설 | 안영희	286	오스만제국 | 진원숙
233	글로벌 매너 | 박한표	287	별을 보는 사람들 | 조상호
234	성공하는 중국 진출 가이드북 | 우수근	288	한미 FTA 후 직업의 미래 | 김준성
235	20대의 정체성 | 정성호	289	구조주의와 그 이후 | 김종우
236	중년의 사회학 | 정성호	290	아도르노 | 이종하
237	인권 | 차병직	291	프랑스 혁명 | 서정복
238	헌법재판 이야기 | 오호택	292	메이지유신 | 장인성
239	프라하 | 김규진	293	문화대혁명 | 백승욱
240	부다페스트 | 김성진	294	기생 이야기 | 신현규
241	보스턴 | 황선희	295	에베레스트 | 김법모
242	돈황 | 전인초	296	빈 | 인성기
243	보들레르 | 이건수	297	발트3국 | 서진석
244	돈 후안 | 정동섭	298	아일랜드 | 한일동
245	사르트르 참여문학론 | 변광배	299	이케다 하야토 | 권혁기
246	문체론 | 이종오	300	박정희 | 김성진
247	올더스 헉슬리 | 김효원	301	리콴유 | 김성진
248	탈식민주의에 대한 성찰 | 박종성	302	덩샤오핑 | 박형기
249	서양 무기의 역사 | 이내주	303	마거릿 대처 | 박동운
250	백화점의 문화사 | 김인호	304	로널드 레이건 | 김형곤
251	초콜릿 이야기 | 정한진	305	셰이크 모하메드 | 최진영
252	향신료 이야기 | 정한진	306	유엔사무총장 | 김정태
253	프랑스 미식 기행 | 심순철	307	농구의 탄생 | 손대범
254	음식 이야기 | 윤진아	308	홍차 이야기 | 정은희

309 인도 불교사 | 김미숙 📖
310 아헌사 | 이정호
311 인도의 경전들 | 이재숙 📖
312 글로벌 리더 | 백형찬 📖 🔍
313 탱고 | 배수경 📖
314 미술경매 이야기 | 이규현 📖
315 달마 그 제자들 | 우봉규 📖 🔍
316 화두와 좌선 | 김호귀 📖
317 대학의 역사 | 이광주 📖 🔍
318 이슬람의 탄생 | 진원숙 📖
319 DNA분석과 과학수사 | 박기원 📖
320 대통령의 탄생 | 조지형 📖
321 대통령의 퇴임 이후 | 김형곤
322 미국의 대통령 선거 | 윤용희 📖
323 프랑스 대통령 이야기 | 최연구 📖
324 실용주의 | 이유선 📖
325 맥주의 세계 | 원융희 📖 🔊
326 SF의 법칙 | 고장원
327 원효 | 김원명 📖
328 베이징 | 조창완 📖
329 상하이 | 김윤희 📖
330 홍콩 | 유영하 📖
331 중화경제의 리더들 | 박형기 📖 🔍
332 중국의 엘리트 | 주장환 📖
333 중국의 소수민족 | 정재남
334 중국을 이해하는 9가지 관점 | 우수근 📖 🔍 🔊
335 고대 페르시아의 역사 | 유흥태 📖
336 이란의 역사 | 유흥태 📖
337 에스파한 | 유흥태 📖
338 번역이란 무엇인가 | 이향 📖
339 해체론 | 조규형 📖
340 자크 라캉 | 김용수 📖
341 하지홍 교수의 개 이야기 | 하지홍 📖
342 다방과 카페, 모던보이의 아지트 | 장유정 📖
343 역사 속의 채식인 | 이광조 (절판)
344 보수와 진보의 정신분석 | 김용신 📖 🔍
345 저작권 | 김기태 📖
346 왜 그 음식은 먹지 않을까 | 정한진 📖 🔍 🔊
347 플라멩코 | 최명호
348 월트 디즈니 | 김지영 📖
349 빌 게이츠 | 김익현 📖
350 스티브 잡스 | 김상훈 📖 🔍
351 잭 웰치 | 하정필 📖
352 워렌 버핏 | 이민주
353 조지 소로스 | 김성진 📖
354 마쓰시타 고노스케 | 권혁기 📖 🔍
355 도요타 | 이우광 📖
356 기술의 역사 | 송성수 📖
357 미국의 총기 문화 | 손영호 📖
358 표트르 대제 | 박지배 📖
359 조지 워싱턴 | 김형곤 📖
360 나폴레옹 | 서정복 🔊
361 비스마르크 | 김장수 📖
362 모택동 | 김승일 📖

363 러시아의 정체성 | 기연수 📖
364 너는 시방 위험한 로봇이다 | 오은 📖
365 발레리나를 꿈꾼 로봇 | 김선혁 📖
366 로봇 선생님 가라사대 | 안동근 📖
367 로봇 디자인의 숨겨진 규칙 | 구신애 📖
368 로봇을 향한 열정, 일본 애니메이션 | 안병욱 📖
369 도스토예프스키 | 박영은 📖 🔊
370 플라톤의 교육 | 장영란 📖
371 대공황 시대 | 양동휴 📖
372 미래를 예측하는 힘 | 최연구 📖 🔍
373 꼭 알아야 하는 미래 질병 10가지 | 우정헌 📖 🔍 🔊
374 과학기술의 개척자들 | 송성수 📖
375 레이첼 카슨과 침묵의 봄 | 김재호 📖 🔍
376 좋은 문장 나쁜 문장 | 송준호 📖
377 바울 | 김호경 📖
378 테킬라 이야기 | 최명호 📖
379 어떻게 일본 과학은 노벨상을 탔는가 | 김범성 📖 🔍
380 기후변화 이야기 | 이유진 📖 🔍
381 샹송 | 전금주
382 이슬람 예술 | 전완경 📖
383 페르시아의 종교 | 유흥태
384 삼위일체론 | 유해무 📖
385 이슬람 율법 | 공일주 📖
386 금강경 | 곽철환 📖
387 루이스 칸 | 김낙중·정태용 📖
388 톰 웨이츠 | 신주현 📖
389 위대한 여성 과학자들 | 송성수 📖
390 법원 이야기 | 오호택 📖
391 명예훼손이란 무엇인가 | 안상운 📖 🔍
392 사법권의 독립 | 조지형 📖
393 피해자학 강의 | 장규원 📖
394 정보공개란 무엇인가 | 안상운 📖
395 적정기술이란 무엇인가 | 김정태·홍성욱 📖
396 치명적인 금융위기, 왜 유독 대한민국인가 | 오형규 📖
397 지방자치단체, 돈이 새고 있다 | 최인욱 📖
398 스마트 위험사회가 온다 | 민경식 📖
399 한반도 대재난, 대책은 있는가 | 이정직 📖
400 불안사회 대한민국, 복지가 해답인가 | 신광영 📖 🔍
401 21세기 대한민국 대외전략 | 김기수 📖
402 보이지 않는 위협, 종북주의 | 류현수 📖
403 우리 헌법 이야기 | 오호택 📖
404 핵심 중국어 간체자(简体字) | 김현정 🔍
405 문화생활과 문화주택 | 김용범 📖
406 미래주거의 대안 | 김세용·이재준
407 개방과 폐쇄의 딜레마, 북한의 이중적 경제 | 남성욱·정유석 📖
408 연극과 영화를 통해 본 북한 사회 | 민병욱 📖
409 먹기 위한 개방, 살기 위한 핵외교 | 김계동 📖
410 북한 정권 붕괴 가능성과 대비 | 전경주 📖
411 북한을 움직이는 힘, 군부의 패권경쟁 | 이영훈 📖
412 인민의 천국에서 벌어지는 인권유린 | 허만호 📖
413 성공을 이끄는 마케팅 법칙 | 추성엽 📖
414 커피로 알아보는 마케팅 베이직 | 김민주 📖
415 쓰나미의 과학 | 이호준 📖
416 20세기를 빛낸 극작가 20인 | 백승무 📖

417 20세기의 위대한 지휘자 | 김문경
418 20세기의 위대한 피아니스트 | 노태헌
419 뮤지컬의 이해 | 이동섭
420 위대한 도서관 건축 순례 | 최정태
421 아름다운 도서관 오디세이 | 최정태
422 롤링 스톤즈 | 김기범
423 서양 건축과 실내디자인의 역사 | 천진희
424 서양 가구의 역사 | 공혜원
425 비주얼 머천다이징&디스플레이 디자인 | 강희수
426 호감의 법칙 | 김경호
427 시대의 지성, 노암 촘스키 | 임기대
428 역사로 본 중국음식 | 신계숙
429 일본요리의 역사 | 박병학
430 한국의 음식문화 | 도현신
431 프랑스 음식문화 | 민혜련
432 중국차 이야기 | 조은아
433 디저트 이야기 | 안호기
434 치즈 이야기 | 박승용
435 면(麵) 이야기 | 김한송
436 막걸리 이야기 | 정은숙
437 알렉산드리아 비블리오테카 | 남태우
438 개헌 이야기 | 오호택
439 전통 명품의 보고, 규장각 | 신병주
440 에로스의 예술, 발레 | 김도윤
441 소크라테스를 알라 | 장영란
442 소프트웨어가 세상을 지배한다 | 김재호
443 국제난민 이야기 | 김철민
444 셰익스피어 그리고 인간 | 김도윤
445 명상이 경쟁력이다 | 김필수
446 갈매나무의 시인 백석 | 이숭원
447 브랜드를 알면 자동차가 보인다 | 김흥식
448 파이온에서 힉스 입자까지 | 이강영
449 알고 쓰는 화장품 | 구희연
450 희망이 된 인문학 | 김호연
451 한국 예술의 큰 별 동랑 유치진 | 백형찬
452 경허와 그 제자들 | 우봉규
453 논어 | 윤홍식
454 장자 | 이기동
455 맹자 | 장현근
456 관자 | 신창호
457 순자 | 윤무학
458 미사일 이야기 | 박준복
459 사주(四柱) 이야기 | 이지형
460 영화로 보는 로큰롤 | 김기범
461 비타민 이야기 | 김정환
462 장군 이순신 | 도현신
463 전쟁의 심리학 | 이윤규
464 미국의 장군들 | 여영무
465 첨단무기의 세계 | 양낙규
466 한국무기의 역사 | 이내주
467 노자 | 임헌규
468 한비자 | 윤찬원
469 묵자 | 박문현
470 나는 누구인가 | 김용신

471 논리적 글쓰기 | 여세주
472 디지털 시대의 글쓰기 | 이강룡
473 NLL을 말하다 | 이상철
474 뇌의 비밀 | 서유헌
475 버트런드 러셀 | 박병철
476 에드문트 후설 | 박인철
477 공간 해석의 지혜, 풍수 | 이지형
478 이야기 동양철학사 | 강성률
479 이야기 서양철학사 | 강성률
480 독일 계몽주의의 유학적 기초 | 전홍석
481 우리말 한자 바로쓰기 | 안광희
482 유머의 기술 | 이상훈
483 관상 | 이태룡
484 가상학 | 이태룡
485 역경 | 이태룡
486 대한민국 대통령들의 한국경제 이야기 1 | 이장규
487 대한민국 대통령들의 한국경제 이야기 2 | 이장규
488 별자리 이야기 | 이형철 외
489 셜록 홈즈 | 김재성
490 역사를 움직인 중국 여성들 | 이양자
491 중국 고전 이야기 | 문승용
492 발효 이야기 | 이미란
493 이승만 평전 | 이주영
494 미군정시대 이야기 | 차상철
495 한국전쟁사 | 이희진
496 정전협정 | 조성훈
497 북한 대남 침투도발사 | 이윤규
498 수상 | 이태룡
499 성명학 | 이태룡
500 결혼 | 남정욱
501 광고로 보는 근대문화사 | 김병희
502 시조의 이해 | 임형선
503 일본인은 왜 속마음을 말하지 않을까 | 임영철
504 내 사랑 아다지오 | 양태조
505 수프림 오페라 | 김도윤
506 바그너의 이해 | 서정원
507 원자력 이야기 | 이정익
508 이스라엘과 창조경제 | 정성호
509 한국 사회 빈부의식은 어떻게 변했는가 | 김용신
510 요하문명과 한반도 | 우실하
511 고조선왕조실록 | 이희진
512 고구려조선왕조실록 1 | 이희진
513 고구려조선왕조실록 2 | 이희진
514 백제왕조실록 1 | 이희진
515 백제왕조실록 2 | 이희진
516 신라왕조실록 1 | 이희진
517 신라왕조실록 2 | 이희진
518 신라왕조실록 3 | 이희진
519 가야왕조실록 | 이희진
520 발해왕조실록 | 구난희
521 고려왕조실록 1 (근간)
522 고려왕조실록 2 (근간)
523 조선왕조실록 1 | 이성무
524 조선왕조실록 2 | 이성무

- 525 조선왕조실록 3 | 이성무 🔲
- 526 조선왕조실록 4 | 이성무 🔲
- 527 조선왕조실록 5 | 이성무 🔲
- 528 조선왕조실록 6 | 편집부 🔲
- 529 정한론 | 이기용 🔲
- 530 청일전쟁 | 이성환
- 531 러일전쟁 | 이성환
- 532 이슬람 전쟁사 | 진원숙 🔲
- 533 소주이야기 | 이지형 🔲
- 534 북한 남침 이후 3일간, 이승만 대통령의 행적 | 남정옥 🔲
- 535 제주 신화 1 | 이석범
- 536 제주 신화 2 | 이석범
- 537 제주 전설 1 | 이석범 (절판)
- 538 제주 전설 2 | 이석범 (절판)
- 539 제주 전설 3 | 이석범 (절판)
- 540 제주 전설 4 | 이석범 (절판)
- 541 제주 전설 5 | 이석범 (절판)
- 542 제주 민담 | 이석범
- 543 서양의 명장 | 박기련 🔲
- 544 동양의 명장 | 박기련 🔲
- 545 루소, 교육을 말하다 | 고봉만·황성원 🔲
- 546 철학으로 본 앙트러프러너십 | 전인수 🔲
- 547 예술과 앙트러프러너십 | 조명계 🔲
- 548 예술마케팅 | 전인수 🔲
- 549 비즈니스상상력 | 전인수 🔲
- 550 개념설계의 시대 | 전인수 🔲
- 551 미국 독립전쟁 | 김형곤 🔲
- 552 미국 남북전쟁 | 김형곤 🔲
- 553 초기불교 이야기 | 곽철환 🔲
- 554 한국가톨릭의 역사 | 서정민 🔲
- 555 시아 이슬람 | 유흥태 🔲
- 556 스토리텔링에서 스토리두잉으로 | 윤주 🔲
- 557 백세시대의 지혜 | 신현동 🔲
- 558 구보 씨가 살아온 한국 사회 | 김병희 🔲
- 559 정부광고로 보는 일상생활사 | 김병희
- 560 정부광고의 국민계몽 캠페인 | 김병희
- 561 도시재생이야기 | 윤주 🔲 🔗
- 562 한국의 핵무장 | 김재엽 🔲
- 563 고구려 비문의 비밀 | 정호섭 🔲
- 564 비슷하면서도 다른 한중문화 | 장범성 🔲
- 565 급변하는 현대 중국의 일상 | 장시,리우린,장범성
- 566 중국의 한국 유학생들 | 왕링윈, 장범성 🔲
- 567 밥 딜런 그의 나라에는 누가 사는가 | 오민석 🔲
- 568 언론으로 본 정부 정책의 변천 | 김병희
- 569 전통과 보수의 나라 영국 1-영국 역사 | 한일동 🔲
- 570 전통과 보수의 나라 영국 2-영국 문화 | 한일동 🔲
- 571 전통과 보수의 나라 영국 3-영국 현대 | 김언조 🔲
- 572 제1차 세계대전 | 윤형호
- 573 제2차 세계대전 | 윤형호
- 574 라벨로 보는 프랑스 포도주의 이해 | 전경준
- 575 미셸 푸코, 말과 사물 | 이규현
- 576 프로이트, 꿈의 해석 | 김석
- 577 왜 5왕 | 홍성화
- 578 소가씨 4대 | 나행주
- 579 미나모토노 요리토모 | 남기학
- 580 도요토미 히데요시 | 이계황
- 581 요시다 쇼인 | 이희복
- 582 시부사와 에이이치 | 양의모
- 583 이토 히로부미 | 방광석
- 584 메이지 천황 | 박진우
- 585 하라 다카시 | 김영숙
- 586 히라쓰카 라이초 | 정애영
- 587 고노에 후미마로 | 김봉식
- 588 모방이론으로 본 시장경제 | 김진식
- 589 보들레르의 풍자적 현대문명 비판 | 이건수 🔲
- 590 원시유교 | 한성구
- 591 도가 | 김대근
- 592 춘추전국시대의 고민 | 김현주 🔲
- 593 사회계약론 | 오수웅

DNA분석과 과학수사

펴낸날	초판 1쇄 2008년 2월 25일 초판 5쇄 2021년 11월 10일
지은이	박기원
펴낸이	심만수
펴낸곳	(주)살림출판사
출판등록	1989년 11월 1일 제9-210호
주소	경기도 파주시 광인사길 30
전화	031-955-1350 팩스 031-624-1356
홈페이지	http://www.sallimbooks.com
이메일	book@sallimbooks.com
ISBN	978-89-522-0809-5 04080 978-89-522-0096-9 04080 (세트)

※ 값은 뒤표지에 있습니다.
※ 잘못 만들어진 책은 구입하신 서점에서 바꾸어 드립니다.

함께 읽으면 좋은 책

과학 · 기술

126 초끈이론 아인슈타인의 꿈을 찾아서   eBook

박재모(포항공대 물리학과 교수) · 현승준(연세대 물리학과 교수)

빠르게 발전하고 있는 초끈이론을 일반대중이 이해할 수 있도록 쉽게 풀어쓴 책. 중력을 성공적으로 양자화하고 모든 종류의 입자와 그들 간의 상호작용을 포함하는 모형으로 각광받고 있는 초끈이론을 설명한다. 초끈이론을 이해하기 위해 필요한 양자역학이나 일반상대론 등 현대물리학의 제 분야에 대해서도 알기 쉽게 소개한다.

125 나노 미시세계가 거시세계를 바꾼다   eBook

이영희(성균관대 물리학과 교수)

박테리아 크기의 1000분의 1에 해당하는 크기인 '나노'가 인간 세계를 어떻게 바꿔 놓을 것인지에 대한 해답을 제시하는 책. 나노기술이란 무엇이고 나노크기의 재료들은 어떻게 만들어지는가, 나노크기의 재료들을 어떻게 조작해 새로운 기술들을 이끌어내는가, 조작을 통해 어떤 기술들을 실현하는가를 다양한 예를 통해 소개한다.

448 파이온에서 힉스 입자까지   eBook

이강영(경상대 물리교육과 교수)

누구나 한번쯤 '우주는 어디에서 시작됐을까?' '물질의 근본은 어디일까?'와 같은 의문을 품어본 적은 있을 것이다. 물질과 에너지의 궁극적 본질에 다가서면 다가설수록 우주의 근원을 이해하는 일도 쉬워진다고 한다. 이 책은 바로 이러한 질문들의 해답을 찾기 위해 애쓰는 물리학자들의 긴 여정을 담고 있다.

035 법의학의 세계   eBook

이윤성(서울대 법의학과 교수)

최근 드라마나 영화를 통해 일반인의 호기심을 자극하고 있지만 거의 알려지지 않은 법의학을 소개한 책. 법의학의 여러 분야에 대한 소개, 부검의 필요성과 절차, 사망의 원인과 종류, 사망시각 추정과 신원확인, 교통사고와 질식사 그리고 익사와 관련된 흥미로운 사건들을 통해 법의학에 대한 이해를 돕는다.

과학·기술

395 적정기술이란 무엇인가 `eBook`

김정태(적정기술재단 사무국장)

적정기술은 빈곤과 질병으로부터 싸우고 있는 전 세계의 사람들에게 희망을 안겨주는 따뜻한 기술이다. 이 책에서는 적정기술이 탄생하게 된 배경과 함께 적정기술의 역사, 정의, 개척자들을 소개함으로써 적정기술에 대한기본적인 이해를 돕고 있다. 소외된 90%를 위한기술을 통해 독자들은 세상을 바꾸는 작지만 강한 힘이란 무엇인가에 대해서 알 수 있을 것이다.

022 인체의 신비

이성주(코리아메디케어 대표)

내 자신이었으면서도 여전히 낯설었던 몸에 대한 지식을 문학, 사회학, 예술사, 철학 등을 접목시켜 이야기해 주는 책. 몸과 마음의 신비, 배에서 나는 '꼬르륵' 소리의 비밀, '키스'가 건강에 이로운 이유, 인간은 왜 언제든 '사랑'할 수 있는가에 대한 여러 학설 등 일상에서 일어나는 수수께끼를 명쾌하게 풀어 준다.

036 양자 컴퓨터 `eBook`

이순칠(한국과학기술원 물리학과 교수)

21세기 인류 문명에서 가장 중요한 요소 중의 하나로 꼽히는 양자 컴퓨터의 과학적 원리와 그 응용의 효과를 소개한 책. 물리학과 전산학 등 다양한 학문적 성과의 총합인 양자 컴퓨터에 대한 이해를 통해 미래사회의 발전상을 가늠하게 해준다. 저자는 어려운 전문용어가 아니라 일반 대중도 이해가 가능하도록 양자학을 쉽게 설명하고 있다.

214 미생물의 세계 `eBook`

이재열(경북대 생명공학부 교수)

미생물의 종류 및 미생물과 관련하여 우리 생활에서 마주칠 수 있는 여러 현상들에 대해, 알기 쉽게 풀어 설명한다. 책을 읽어나가며 독자들은 미생물들이 나름대로 형성한 그들의 세계가 인간의 그것과 다름이 없음을, 미생물도 결국은 생물이고 우리와 공생하고 있다는 사실을 알 수 있을 것이다.

과학·기술

375 레이첼 카슨과 침묵의 봄 eBook

김재호(소프트웨어 연구원)

『침묵의 봄』은 100명의 세계적 석학이 뽑은 '20세기를 움직인 10권의 책' 중 4위를 차지했다. 그 책의 저자인 레이첼 카슨 역시 「타임」이 뽑은 '20세기 중요인물 100명' 중 한 명이다. 과학적 분석력과 인문학적 감수성을 융합하여 20세기 후반 환경운동에 절대적 영향을 준 레이첼 카슨과 『침묵의 봄』에 대한 짧지만 알찬 안내서.

277 사상의학 바로 알기 eBook

장동민(하늘땅한의원 원장)

이 책은 사상의학이라는 단어는 알고 있지만 심리테스트 정도의 흥밋거리로 알고 있는 사람들에게 바른 상식을 알려 준다. 또한 한의학이나 사상의학을 전공하고픈 학생들의 공부에 기초적인 도움을 준다. 사상의학의 탄생과 역사에서부터 실생활에서 적용할 수 있는 간단한 사상의학의 방법들을 소개한다.

356 기술의 역사 맨석기에서 유전자 재조합까지

송성수(부산대학교 기초교육원 교수)

우리는 기술을 단순히 사물의 단계에서 생각하기 쉽다. 하지만 기술에는 인간의 삶과 사회의 배경이 녹아들어 있다. 기술의 역사를 통해 우리는 기술과 문화, 기술과 인간의 삶을 연결시켜 생각할 수 있게 될 것이다. 이 책을 읽은 후 주변에 있는 기술을 다시 보게 되면, 그 기술이 뭔가 다른 느낌으로 다가올 것이다.

319 DNA분석과 과학수사 eBook

박기원(국립과학수사연구소 연구관)

범죄수사에서 유전자분석에 대한 관심이 커지고 있지만 간단하게 참고할 만한 책은 거의 없는 실정이다. 이 책은 적은 분량이지만 가능한 모든 분야와 최근의 동향을 소개하고 있다. 특히, 내용의 이해를 돕기 위하여 서래마을 영아유기사건이나 대구지하철 참사 신원조회 등 실제 사건의 감정 사례를 소개하는 데도 많은 비중을 두었다.

과학·기술

`eBook` 표시가 되어있는 도서는 전자책으로 구매가 가능합니다.

- 022 인체의 신비 | 이성주
- 023 생물학 무기 | 배우철 `eBook`
- 032 최면의 세계 | 설기문 `eBook`
- 033 천문학 탐구자들 | 이면우
- 034 블랙홀 | 이충환 `eBook`
- 035 법의학의 세계 | 이윤성 `eBook`
- 036 양자 컴퓨터 | 이순칠 `eBook`
- 124 우주 개발의 숨은 이야기 | 정홍철 `eBook`
- 125 나노 | 이영희 `eBook`
- 126 초끈이론 | 박재모·현승준 `eBook`
- 183 인간복제의 시대가 온다 | 김홍재
- 184 수소 혁명의 시대 | 김미선 `eBook`
- 185 로봇 이야기 | 김문상 `eBook`
- 214 미생물의 세계 | 이재열 `eBook`
- 215 빛과 색 | 변종철 `eBook`
- 216 인공위성 | 장영근 `eBook`
- 225 권오길 교수가 들려주는 생물의 섹스 이야기 | 권오길 `eBook`
- 226 동물행동학 | 임신재 `eBook`
- 258 질병의 사회사 | 신규환
- 272 의학사상사 | 여인석
- 273 서양의학의 역사 | 이재담
- 274 몸의 역사 | 강신익
- 275 인류를 구한 항균제들 | 예병일
- 276 전쟁의 판도를 바꾼 전염병 | 예병일
- 277 사상의학 바로 알기 | 장동민
- 278 조선의 명의들 | 김호
- 287 별을 보는 사람들 | 조상호
- 319 DNA분석과 과학수사 | 박기원
- 341 하지홍 교수의 개 이야기 | 하지홍
- 356 기술의 역사 | 송성수
- 373 꼭 알아야 하는 미래 질병 10가지 | 우정헌 `eBook`
- 374 과학기술의 개척자들 | 송성수 `eBook`
- 375 레이첼 카슨과 침묵의 봄 | 김재호 `eBook`
- 379 어떻게 일본 과학은 노벨상을 탔는가 | 김범성 `eBook`
- 389 위대한 여성 과학자들 | 송성수 `eBook`
- 395 적정기술이란 무엇인가 | 김정태·홍성욱 `eBook`
- 415 쓰나미의 과학 | 이호준 `eBook`
- 442 소프트웨어가 세상을 지배한다 | 김재호 `eBook`
- 448 파이온에서 힉스 입자까지 | 이강영 `eBook`
- 458 미사일 이야기 | 박준복 `eBook`
- 461 비타민 이야기 | 김정환 `eBook`
- 465 첨단무기의 세계 | 양낙규 `eBook`
- 470 나는 누구인가 | 김용신 `eBook`
- 474 뇌의 비밀 | 서유헌 `eBook`
- 488 별자리 이야기 | 김형철 외 `eBook`

㈜살림출판사
www.sallimbooks.com
주소 경기도 파주시 문발동 522-1 | 전화 031-955-1350 | 팩스 031-955-1355